D1699160

Wirtschaftswissenschaftliches Forum der FOM

Band 26

Marcus-Maurice Hartmann

Kapitalstruktur und Rentabilität

Theorie und Empirie anhand deutscher Blue Chips und Mid Caps

Shaker Verlag
Aachen 2015

Bibliografische Information der Deutschen Nationalbibliothek
Die Deutsche Nationalbibliothek verzeichnet diese Publikation in der Deutschen Nationalbibliografie; detaillierte bibliografische Daten sind im Internet über http://dnb.d-nb.de abrufbar.

ISBN 978-3-8440-3508-7
ISSN 2192-7855

Shaker Verlag GmbH • Postfach 101818 • 52018 Aachen
Telefon: 02407 / 95 96 - 0 • Telefax: 02407 / 95 96 - 9
Internet: www.shaker.de • E-Mail: info@shaker.de

VORWORT DES HERAUSGEBERS

Die private FOM Hochschule für Oekonomie & Management versteht sich mit ihrem ausbildungs- und berufsbegleitenden Studienangebot im wirtschaftswissenschaftlichen Bereich als eine Ergänzung der deutschen Hochschullandschaft. Durch die Schaffung zielgruppenadäquater, attraktiver Studienbedingungen ermöglicht sie gleichzeitig den Beschäftigten viele Chancen zur Weiterentwicklung und den Unternehmen die Anpassung an die Anforderungen, die sich aus der demografischen Entwicklung und den gestiegenen Qualifikationsbedarfen ergeben.

Die 1991 auf Initiative von Wirtschaftsverbänden gegründete FOM arbeitet seit ihrem Bestehen eng mit Unternehmen und Verbänden zusammen und unternimmt mit der vorliegenden Schriftenreihe einen weiteren Schritt zur Verzahnung von Theorie und Praxis. Studierenden mit herausragenden Studienleistungen wird hierin ein Forum gegeben, der interessierten Fachöffentlichkeit empirische Ergebnisse, innovative Konzepte und fundierte Analysen im Zuge einer breiten Veröffentlichung ihrer Abschlussarbeiten mitzuteilen. Daneben finden exzellente Dissertationen von FOM Dozenten Eingang in die Schriftenreihe.

Unser herzlicher Dank gilt Herrn Prof. Dr. Alexander Bönner und Herrn Prof. Dr. Christian Möbius, die die Abschlussarbeit von Herrn Marcus-Maurice Hartmann als Erst- bzw. Zweitgutachter betreut haben.

Die Arbeit thematisiert die Fragestellung, in wieweit sich Kapitalstruktur und Rentabilität von Unternehmen gegenseitig bedingen. Der Schwerpunkt liegt hierbei auf einer empirischen Untersuchung unter den größten börsengelisteten Unternehmen in Deutschland.

Wir hoffen, den vielfach regen und fruchtbaren Dialog zwischen Hochschule und Praxis mit dieser Reihe um eine weitere Facette zu bereichern. Als Herausgeber freuen wir uns, herausragende Leistungen unserer Studierenden durch eine Veröffentlichung würdig honorieren zu können.

Essen, im Januar 2015

Prof. Dr. Burghard Hermeier   Prof. Dr. Thomas Heupel

Rektor   Prorektor für Forschung

VORWORT DES GUTACHTERS

In seinem Werk "Kapitalstruktur und Rentabilität - Theorie und Empirie anhand deutscher Blue Chips und Mid Caps" widmet sich Herr Hartmann der Frage des Zusammenhangs zwischen Kapitalstruktur und Rentabilität bei Unternehmen. Dabei setzt sich die auf einer Master Thesis basierende Arbeit aus einem theoretischen und einem empirischen Teil zusammen.

Im theoretischen Teil werden zunächst die wesentlichen Grundlagen erarbeitet. Kapitalstruktur und Rentabilität werden anhand der wichtigsten Theorien dargestellt. Abgerundet werden die unterschiedlichen Ansätze durch einen komparativen Vergleich untereinander sowie durch eine Darstellung der Implikationen für die Praxis. Außerdem erfolgt eine Illustration der wesentlichen Ergebnisse bereits durchgeführter empirischer Studien.

Im empirischen Teil wird anhand von Indizes – es erfolgt eine Aufteilung der Grundgesamtheit bestehend aus HDAX Unternehmen in Sub-Indizes und nach Branchen – ein gesamthaftes wie auch ein branchenspezifisches Bild deutscher Unternehmen bzgl. der Fragestellung dargestellt.

Es zeigt sich, dass bis auf wenige branchenspezifische Ausnahmen ein negativer Zusammenhang zwischen Rentabilität und Verschuldungsgrad zu erkennen ist. In einem abschließenden Part führt der Autor noch eine multiple Regression durch, indem er die Rentabilität durch die unabhängigen Variablen Kapitalstruktur, Unternehmensgröße und Unternehmenswachstum schätzt. So lassen sich die Signifikanzen der ermittelten Ergebnisse nochmals erhöhen.

Dieser Zusammenhang ist bemerkenswert, da doch zumindest ein Teil der vorgängigen empirischen Studien zum gleichen Thema, unabhängig von der untersuchten Grundgesamtheit, zu anders gelagerten Ergebnissen gekommen ist und auch durchaus einen positiven Zusammenhang zwischen Rentabilität und Verschuldungsgrad hat vermuten lassen können. Dies wird mit der vorliegenden Studie für größere deutsche börsennotierte Unternehmen zumindest im Beobachtungszeitraum 2005 bis 2012 widerlegt. Diese Ergebnisse können als wichtige Beiträge zur aktuellen wissenschaftlichen Diskussion in diesem Bereich gewertet werden und verdienen eine große Leserschaft.

Gesamthaft betrachtet ist Herrn Hartmann mit der vorliegenden Arbeit eine beachtenswerte Analyse mit sauberer methodischer Vorgehensweise auf hohem wissenschaftlichem Niveau gelungen. Ich wünsche dem Leser viel Spaß bei der Lektüre dieses erkenntnisreichen Werkes.

Stuttgart, im Januar 2015

Prof. Dr. oec. Alexander Bönner
Professor für Allgemeine Betriebswirtschaftslehre
Insbesondere Finanzmanagement, Finance & Accounting

INHALTSVERZEICHNIS

Abkürzungsverzeichnis VII

Abbildungsverzeichnis VIII

Tabellenverzeichnis IX

Symbolverzeichnis XI

1 Einleitung 1

   1.1 Problemstellung 1

   1.2 Zielsetzung 2

   1.3 Konzeption 3

2 Theoretische Grundlagen 4

   2.1 Kapitalstruktur 4

      2.1.1 Begriffsdefinition und Abgrenzung 4

      2.1.2 Charakteristika von Eigen- und Fremdkapital 6

      2.1.3 Spannungsfeld zwischen Eigen- und Fremdkapital 9

      2.1.4 Kennzahlen zur Messung der Kapitalstruktur 9

   2.2 Rentabilität 12

      2.2.1 Begriffsdefinition und Abgrenzung 12

      2.2.2 Formen der Rentabilitätsmessung 13

      2.2.3 Aussagekraft und Grenzen 16

   2.3 Zusammenhang zwischen Kapitalstruktur und Rentabilität 18

      2.3.1 Leverage-Effekt 19

      2.3.2 Kapitalkosten 21

3 Theorien hinsichtlich einer optimalen Kapitalstruktur 23

   3.1 Ziele einer optimalen Kapitalstruktur 23

   3.2 Verschiedene Modellansätze 24

      3.2.1 Traditionelle Kapitalstrukturtheorie 26

      3.2.2 Neoklassische Kapitalstrukturtheorie 27

      3.2.3 Neoinstitutionalistische Kapitalstrukturtheorie 35

   3.3 Komparativer Vergleich der Theorien 39

   3.4 Implikationen auf die Praxis der Unternehmensfinanzierung 41

   3.5 Ergebnisse empirischer Studien 46

4 Untersuchung anhand deutscher Blue Chips und Mid Caps 49
  4.1 Gang der Untersuchung 49
    4.1.1 Grundgesamtheit und Datenherkunft 49
    4.1.2 Betrachtete Parameter 51
    4.1.3 Vorgehensweise 54
  4.2 Ergebnisse 56
    4.2.1 Isolierte Betrachtung der Kapitalstruktur 56
    4.2.1 Isolierte Betrachtung der Rentabilität 59
    4.2.3 Korrelationsanalyse zwischen Kapitalstruktur und
        Rentabilität 61
  4.3 Regressionsmodell 70
  4.4 Interpretation 73
  4.5 Grenzen der Aussagekraft 77
5 Zusammenfassung und Ausblick 79
Literaturverzeichnis 90

ABKÜRZUNGSVERZEICHNIS

AktG   Aktiengesetz

APV   Adjusted Present Value

CAPM   Capital Asset Pricing Model

DCF   Discounted Cashflow

EBIT   Earnings Before Interest and Taxes

EBITDA   Earnings Before Interest, Taxes, Depreciation and Amortization

EFTA   European Free Trade Association

EPS   Earnings per Share

EVA   Economic Value Added

GewStG   Gewerbesteuergesetz

GmbHG   Gesetz betreffend die Gesellschaften mit beschränkter Haftung

IAS   International Accounting Standard

IFRS   International Financial Reporting Standards

InsO   Insolvenzordnung

KGaA   Kommanditgesellschaft auf Aktien

KStG   Körperschaftsteuergesetz

NPV   Net Present Value

OLS   Ordinary Least Squares

ROCE   Return on Capital Employed

SE   Societas Europaea

VDMA   Verband Deutscher Maschinen und Anlagenbau

WACC   Weighted Average Cost of Capital

ABBILDUNGSVERZEICHNIS

Abb. 1:   Einordnung mezzaniner Instrumente 9

Abb. 2:   Ausgewählte Formen der Kapitalstrukturanalyse 10

Abb. 3:   Leverage-Effekt bei konstantem und ansteigendem FK-Zinssatz.... 21

Abb. 4:   Ziele einer optimalen Kapitalstruktur.. 23

Abb. 5:   Übersicht verschiedener Ansätze von Kapitalstrukturmodellen 25

Abb. 6:   Durchschnittliche Kapitalkosten im traditionellen
Kapitalstrukturmodell 26

Abb. 7:   Trade-Off zwischen Kosten und Nutzen der Verschuldung 32

Abb. 8:   Ansätze für die Kapitalstrukturpolitik in der betrieblichen Praxis...... 41

Abb. 9:   Median Verschuldungsgrad nach Branchen 57

Abb. 10: Median dynamischer Verschuldungsgrad nach Branchen............... 58

Abb. 11: Historische Entwicklung ausgewählter Kapitalstrukturkennzahlen... 58

Abb. 12: Median Eigenkapitalrentabilität im Branchenvergleich.................... 59

Abb. 13: Median Gesamtkapitalrentabilität im Branchenvergleich 60

Abb. 14: Median EBITDA-Marge im Branchenvergleich 60

Abb. 15: Historische Entwicklung ausgewählter Rentabilitätskennzahlen...... 61

TABELLENVERZEICHNIS

Tab. 1: Ausgewählte Abgrenzungskriterien von Finanzierungsformen 4

Tab. 2: Einteilung der Finanzierungsformen nach Rechtsstellung und Mittelherkunft 5

Tab. 3: Merkmale von Eigen- und Fremdkapital 8

Tab. 4: Betriebswirtschaftliche Erfolgsgrößen 13

Tab. 5: Einteilung ausgewählter Rentabilitätskennzahlen 13

Tab. 6: Ausgewählte Rentabilitätskennzahlen und deren Berechnungslogik 16

Tab. 7: Vor- und Nachteile von Rentabilitätskennzahlen 18

Tab. 8: Leverage-Chance und Leverage-Risiko 20

Tab. 9: Zusammenfassung ausgewählter Kapitalstrukturtheorien 40

Tab. 10: Ergebnisse empirischer Studien 48

Tab. 11: Betrachtete Parameter der empirischen Untersuchung 54

Tab. 12: Übersicht Branchenaufteilung der Stichprobe 55

Tab. 13: Deskriptive Analyse der Kapitalstruktur 56

Tab. 14: Deskriptive Analyse der Rentabilität 59

Tab. 15: Korrelationskoeffizienten HDAX 63

Tab. 16: Vorzeichenanalyse der Korrelationskoeffizienten HDAX 63

Tab. 17: Korrelationskoeffizienten DAX 64

Tab. 18: Korrelationskoeffizienten MDAX 65

Tab. 19: Korrelationskoeffizienten TecDAX 66

Tab. 20: Korrelationskoeffizienten verarbeitender Sektor 67

Tab. 21: Korrelationskoeffizienten Dienstleistungssektor 67

Tab. 22: Korrelationskoeffizienten Automotive 68

Tab. 23: Korrelationskoeffizienten Consumer 69

Tab. 24: Zusammenfassung Korrelationsanalyse 69

Tab. 25: Multiples lineares Regressionsmodell 72

Tab. 26: Stichprobe der Untersuchung 81

Tab. 27: Ergebnisse Korrelationsanalyse Automotive 85

Tab. 28: Ergebnisse Korrelationsanalyse Communications 85

Tab. 29: Ergebnisse Korrelationsanalyse Consumer 85

Tab. 30: Ergebnisse Korrelationsanalyse Health Care 86

Tab. 31: Ergebnisse Korrelationsanalyse Industrials 86

Tab. 32: Ergebnisse Korrelationsanalyse Materials 86

Tab. 33:   Ergebnisse Korrelationsanalyse Software 87

Tab. 34:   Ergebnisse Korrelationsanalyse Technology................................... 87

Tab. 35:   Ergebnisse multiple lineare Regression... 88

SYMBOLVERZEICHNIS

D Marktwert des Fremdkapitals

EK Eigenkapital

FK Fremdkapital

GK Gesamtkapital

i Fremdkapitalzinssatz

p_j Wert eines Unternehmensanteils am Unternehmen j

r   Korrelationskoeffizient

R^2 Bestimmtheitsmaß

r_d Durchschnittliche Kapitalkosten

r_{EK} Eigenkapitalrendite

r_{EK}^* Von den Eigenkapitalgebern geforderte Rendite; Eigenkapital-
           kosten

r_{GK} Gesamtkapitalrendite

S_j Marktwert des Eigenkapitals

V_{opt} Optimaler Verschuldungsgrad

V_j Wert des Unternehmens j

$\bar{x}_j$ Erwarteter Gewinn pro Aktie des Unternehmens j

$\bar{X}_j$ Erwarteter Gewinn des Unternehmens j

ρ_k Preis pro Einheit erwartetem Gewinn eines Unternehmens der
           Risikoklasse k

1 EINLEITUNG

1.1 PROBLEMSTELLUNG

1958 legten Franco Modigliani und Merton Miller mit ihrem bahnbrechenden Werk „The Cost of Capital, Corporation Finance, and the Theory of Investment" den Grundstein für die wissenschaftliche Forschung hinsichtlich der Auswirkungen der Kapitalstruktur von Unternehmen.[1] Unter der Annahme effizienter Kapitalmärkte sowie der Abwesenheit von Transaktionskosten, Steuern und sämtlicher Faktoren, welche einen Arbitrageprozess stören könnten, kamen sie zu der Erkenntnis, dass die Kapitalstruktur irrelevant für den Unternehmenswert ist und daraus abgeleitet ebenfalls keinen Einfluss auf die durchschnittlichen Kapitalkosten hat.[2]

Die Thesen von Modigliani und Miller wurden in der Folge kontrovers diskutiert und aufbauend auf ihnen entwickelten sich zahlreiche alternative Modelle, welche den Ansatz verfolgen, die Prämissen hinsichtlich der Kapitalmärkte realistischer zu gestalten.[3] Parallel erfolgte die Überprüfung dieser unterschiedlichen Kapitalstrukturtheorien durch empirische Untersuchungen.[4]

---

[1] Vgl. Miller, M. / Modigliani, F. (1958), S. 261 ff.
[2] Vgl. Miller, M. / Modigliani, F. (1958), S. 268 f.; Suter, A. / Volkart, P. (2006), S. 627.
[3] Vgl. Frydenberg, S. (2004), S. 3.
[4] Vgl. Arbeitskreis „Finanzierung" der Schmalenbach-Gesellschaft für Betriebswirtschaft e.V. (2009), S. 327.

Doch auch nach über 50 Jahren Forschung auf dem Gebiet der Kapitalstrukturtheorien ist es bislang nicht gelungen, eine universell gültige Theorie zur
Wahl der Kapitalstruktur zu entwickeln und an Myers Feststellung aus dem
Jahr 1984 „ … we know very little about capital structure. We do not know
how firms choose the debt, equity or hybrid securities they issue."[5] hat sich
bis heute nur wenig geändert.[6] Trotz vielfältiger Literatur und zahlreicher
empirischer Untersuchungen in den vergangenen Jahrzehnten, ist immer
noch wenig darüber bekannt, nach welchen Motiven sich Unternehmen entscheiden, Fremdkapital aufzunehmen oder ihre Finanzierung über die Thesaurierung von Gewinnen zu stemmen.[7]

1.2 ZIELSETZUNG

Vorliegende Ausarbeitung soll zunächst den Stand der bisherigen Kapitalstrukturforschung sowie deren Handlungsempfehlungen aufzeigen. Daneben
ist es das Ziel, die Gültigkeit dieser Theorien anhand deutscher Blue Chip-
und Mid Cap-Unternehmen im Rahmen einer empirischen Untersuchung zu
überprüfen. Dabei ist die zentrale Fragestellung, ob bei den betrachteten
Unternehmen ein Zusammenhang zwischen der Kapitalstruktur und der Rentabilität aufgezeigt werden kann.

---

[5]   Myers, S. (1984), S. 575.
[6]   Vgl. Frydenberg, S. (2004), S. 23.
[7]   Vgl. Frank, M. / Goyal, V. (2009), S. 1.

1.3 KONZEPTION

Nach diesen einleitenden Worten sollen in Kapitel 2 die theoretischen Grundlagen hinsichtlich der Zusammensetzung der Kapitalstruktur eines Unternehmens sowie möglicher Formen der Rentabilitätsmessung erarbeitet werden. Darauf aufbauend wird in Kapitel 3 die historische Entwicklung verschiedener Kapitalstrukturmodelle von den späten 50iger Jahren des 19. Jahrhunderts bis in die heutige Zeit aufgezeigt. Der Schwerpunkt hierbei liegt auf der Analyse der Unterschiede in den Modellannahmen sowie den von diesen Theorien abgeleiteten Handlungsempfehlungen für die betriebswirtschaftliche Praxis. Weiterhin wird ein Abriss über die Ergebnisse bislang durchgeführter empirischer Studien gegeben.

Im Anschluss daran erfolgt eine empirische Untersuchung unter den größten börsengelisteten Unternehmen in Deutschland hinsichtlich eines möglichen Zusammenhangs ausgewählter Kapitalstruktur- und Rentabilitätskennzahlen. Im Rahmen der Analyse der Ergebnisse erfolgt ein Abgleich mit den Handlungsempfehlungen der in Kapitel 3 erörterten Kapitalstrukturtheorien.

Abschließend sollen die Ergebnisse dieser Ausarbeitung zusammengefasst sowie die zentrale Fragestellung beantwortet werden. Weiterhin erfolgt ein Ausblick auf Ansatzpunkte für weitere Untersuchungen.

2 THEORETISCHE GRUNDLAGEN

2.1 KAPITALSTRUKTUR

2.1.1 BEGRIFFSDEFINITION UND ABGRENZUNG

Gekennzeichnet ist die Kapitalstruktur „durch die Art, die Zusammensetzung und die Überlassungsdauer der dem Unternehmen zur Verfügung gestellten (finanziellen) Mittel".[8] Sie ist das Ergebnis der Kombination verschiedener Finanzierungsarten eines Unternehmens.[9] Die Finanzierungsarten wiederum können nach diversen Kriterien gruppiert werden. Tabelle 1 illustriert die gängigsten Unterscheidungsmerkmale:

Tab. 1: Ausgewählte Abgrenzungskriterien von Finanzierungsformen

Kriterium	Ausprägungen
Fristigkeit	kurz-, mittel- und langfristig
Finanzierungsanlass	Gründung, Erweiterung, Umfinanzierung, Sanierung
Rechtsstellung der Kapital-geber	Eigen- und Fremdkapitalfinanzierung sowie mezzanine Finanzierungsformen
Mittelherkunft	Außen- und Innenfinanzierung

Quelle: Eigene Darstellung, in Anlehnung an: Perridon, L. et al. (2012), S. 389 ff.

Für die vorliegende Ausarbeitung sind insbesondere die Kriterien der Fristigkeit, der Rechtsstellung sowie der Mittelherkunft von Bedeutung. Die Zeitintervalle bei der Einteilung der Finanzierungsformen nach deren Fristigkeit können beliebig gesetzt werden. Häufig erfolgt jedoch eine Anlehnung an die Regelungen des HGB[10] und somit eine Einteilung in Restlaufzeiten kleiner 1 Jahr, zwischen 1 und 5 Jahren sowie größer 5 Jahre.[11]

---

[8]   Breuer, C. et al. (2012), S. 325.
[9]   Vgl. Perridon, L. et al. (2012), S. 10.
[10] Gemäß § 268 (5) HGB ist der Anteil der Verbindlichkeiten mit einer Restlaufzeit von bis zu einem Jahr auszuweisen. § 285 Nr. 1 HGB fordert darüber hinaus die Angabe des Volumens der Verbindlichkeiten mit einer Restlaufzeit von mehr als fünf Jahren.
[11] Vgl. Perridon, L. et al. (2012), S. 390 f.

Bei der Unterscheidung nach der rechtlichen Stellung der Kapitalgeber erfolgt eine Einteilung in Eigen- und Fremdkapitalgeber. Im Laufe der Zeit
haben sich darüber hinaus zahlreiche Mischformen entwickelt, welche sowohl Eigen- als auch Fremdkapitalelemente aufweisen und die Gruppe der
mezzaninen Finanzierungsformen bilden.[12]

Unterscheidet man die Finanzierungsformen nach der Herkunft der Mittel,
erfolgt eine Einteilung in die Innenfinanzierung, bei welcher die Kapitalquelle
der betriebliche Leistungsprozess ist und der Außenfinanzierung, bei welcher
dem Unternehmen Finanzmittel außerhalb des betrieblichen Leistungspro-
zesses zufließen.[13] Quellen der Innenfinanzierung können neben einbehalte-
nen Gewinnen (s.g. Selbstfinanzierung), die Finanzierung aus Abschrei-
bungsgegenwerten und Rückstellungen[14] sowie Vermögensumschichtungen
von illiquiden Vermögensgegenständen in liquide Mittel sein.[15] Die Möglich-
keiten der Außenfinanzierung umfassen neben der Beteiligungsfinanzierung
sämtliche Formen der Kreditfinanzierung.

Fasst man die beiden Dimensionen rechtliche Stellung und Mittelherkunft
zusammen, ergibt sich folgende Einteilung der Finanzierungsformen:

Tab. 2: Einteilung der Finanzierungsformen nach Rechtsstellung und Mittelherkunft

Rechts- stellung Mittelherkunft	Eigenfinanzierung		Fremdfinanzierung
Innenfinanzierung	▪ Selbstfinanzie- rung ▪ Finanzierung aus Abschrei- bungsgegen- werten	▪ Vermögens- umschichtung	▪ Finanzierung aus Rückstellungen
Außenfinanzierung	▪ Beteiligungs- finanzierung	▪ Mezzanine Fi- nanzierungs- formen	▪ Kreditfinanzier- ung ▪ Off-Balance- Finanzierungen (z.B. Leasing, Factoring)

Quelle: Eigene Darstellung, in Anlehnung an: Perridon, L. et al (2012), S. 390; Volkart, R. (2011), S. 581.

---

[12] Vgl. Eilers, S. (2008), S. 3f.
[13] Vgl. Dinauer, J. / Zantow, R. (2011), S. 46.
[14] Ein Finanzierungseffekt ergibt sich jedoch nur dann, wenn den Abschreibungen und Rückstellungen
Umsatzerlöse gegenüberstehen. Vgl. Dinauer, J. / Zantow, R. (2011), S. 296 f.
[15] Vgl. Perridon, L. et al. (2012), S. 391.

Aufgrund der besonderen Bedeutung der Rechtsstellung der Kapitalgeber für die anschließende Behandlung der Kapitalstrukturtheorien in Kapitel 3 sowie der empirischen Untersuchung in Kapitel 4 sollen die Charakteristika von Eigen- und Fremdkapital in den folgenden Unterkapiteln detailliert herausgearbeitet werden.

2.1.2 CHARAKTERISTIKA VON EIGEN- UND FREMDKAPITAL

Bei Eigenkapital handelt es sich um Kapital, welches von den Eigentümern i.d.R. ohne zeitliche Befristung zur Verfügung gestellt wird.[16] Die Eigenkapitalgeber haften – in Abhängigkeit der Rechtsform – mindestens in Höhe ihres Kapitalanteils für Verbindlichkeiten der Gesellschaft, weshalb Eigenkapital häufig auch als Haftkapital bezeichnet wird.[17] Im Falle einer Insolvenz der Gesellschaft sind die Ansprüche der Eigenkapitalgeber nachrangig hinsichtlich der Forderungen der Gläubiger und können folglich nur dann befriedigt werden, wenn der Liquidationserlös die Verbindlichkeiten des Unternehmens übersteigt. Die Vergütung des Eigenkapitals erfolgt durch Beteiligung am Gewinn des Unternehmens. Es beinhaltet ferner keine fixen, vom Periodenergebnis unabhängigen Zahlungsansprüche.[18] Der Gewinn als Vergütung des Eigenkapitals unterliegt in vollem Umfang der Einkommen- bzw. Körperschaftsteuer.[19] Aufgrund des Ausschlusses der persönlichen Haftung der Gesellschafter bei den Kapitalgesellschaften, existieren rechtsformspezifische Anforderungen an die Kapitalausstattung eines Unternehmens.[20]

---

[16] Vgl. Dinauer, J. / Zantow, R. (2011), S. 59.
[17] Vgl. Perridon, L. et al. (2012), S. 389.
[18] Vgl. Swoboda, P. (1994), S. 10 f.
[19] Vgl. Perridon, L. et al. (2012), S. 390.
[20] Vgl. Aleth, F. et al. (2008), S. 78 f.

So beträgt das Grundkapital bei der Aktiengesellschaft (AG) und der Kommanditgesellschaft auf Aktien (KGaA) mindestens EUR 50.000[21], das Stammkapital der Gesellschaft mit beschränkter Haftung (GmbH) EUR 25.000[22], bei der Rechtsform der Societas Europaea (SE) beträgt das Mindestkapital sogar EUR 120.000.[23] Im Gegensatz zu Eigenkapital wird Fremdkapital dem Unternehmen von Dritten zeitlich befristet überlassen. Weiterhin haftet dieses nicht für Verbindlichkeiten des Unternehmens. Die Fremdkapitalgeber partizipieren nicht am Gewinn der Gesellschaft.[24] Stattdessen geht das Unternehmen mit der Aufnahme von Fremdkapital fixe, von der wirtschaftlichen Entwicklung unabhängige, Zahlungsverpflichtungen in Form von Zins und Tilgung ein. Im Falle einer Insolvenz werden die Gläubiger vorrangig befriedigt.[25] Vorteilhaft aus Sicht des Unternehmens ist, dass die Zinszahlungen nach § 4 (4) EStG i.V.m. § 8 (1) KStG grundsätzlich als Zinsaufwand steuerlich abzugsfähig sind und somit die Höhe der Einkommens- oder Körperschaftssteuer reduzieren.[26] Tabelle 3 fasst nachfolgend die Abgrenzungskriterien von Eigen- und Fremdkapital zusammen:

---

[21] Vgl. § 7 AktG.
[22] Vgl. § 5 (1) GmbHG.
[23] Vgl. EG-Verordnung Nr. 2157/2001, Titel I, Art. 4, Abs. 2. Nach dieser kann das Mindestkapital in einzelnen Mitgliedsstaaten auch höher sein, wenn dies die nationalen Rechtsvorschriften vorsehen.
[24] Vgl. Thommen, J.-P. (2011), S. 65 f.
[25] Vgl. Perridon, L. et al. (2012), S. 389 f.
[26] Vgl. Eilers, S. (2008), S. 3. Die grundsätzliche Abzugsfähigkeit wird jedoch durch zahlreiche steuerliche Sonderregelungen eingeschränkt. So z.B. beim Zinsschrankenmodell des § 8a KStG bzw. der teilweisen Hinzurechnung des Zinsaufwandes zur Ermittlung der Gewerbesteuer nach § 8 Nr. 1 (a) GewStG. Vgl. hierzu Hasselbach, K. / Rödding, A. (2008), S. 804 ff.

Tab. 3: Merkmale von Eigen- und Fremdkapital

Kriterium	Eigenkapital	Fremdkapital
Haftung	volle Haftung in Höhe der Einlage gegenüber den Gläubigern; bei Personengesellschaften darüber hinaus unbegrenzte persönliche Haftung	keine Haftung für Verbindlichkeiten der Gesellschaft
Dauer der Kapitalüberlassung	grundsätzlich unbegrenzt	begrenzt (vertraglich fixierte Tilgungen)
Vergütung	Anteil am Gewinn der Gesellschaft, keine fixen (gewinnunabhängigen) Zahlungsansprüche	fixer – i.d.R. gewinnunabhängiger – Zinsanspruch
Rangigkeit im Insolvenzfall	Ansprüche der Eigenkapitalgeber nachrangig hinter Forderungen der Gläubiger	vorrangig gegenüber Eigenkapitalgebern
steuerliche Abzugsfähigkeit	nicht gegeben	grundsätzlich gegeben; diverse Einschränkungen

Quelle: Eigene Darstellung, in Anlehnung an: Perridon, L. et al. (2012), S. 390.

Neben den Finanzierungsformen Eigen- und Fremdkapital gibt es zahlreiche Finanzierungsinstrumente, welche sowohl Kriterien von Eigen- als auch Fremdkapital erfüllen.[27] Motive für die Aufnahme dieses hybriden Kapitals ist einerseits die Verbesserung der Bilanzrelationen (sofern wirtschaftlich zum Eigenkapital zurechenbar) bei gleichzeitiger Vermeidung der Gewährung von Mitspracherechten sowie der steuerlichen Abzugsfähigkeit als Zinsaufwand.[28]

Überwiegen die Kriterien von Eigenkapital, spricht man auch von eigenkapitalnahem Mezzanine („Equity Mezzanine"). Überwiegen hingegen die Fremdkapitalelemente, werden diese dem fremdkapitalnahen Mezzanine („Debt Mezzanine") zugeordnet.[29] Mit zunehmendem Eigenkapitalcharakter der hybriden Instrumente steigt das Risiko und somit auch die Renditeerwartungen der Investoren (siehe Abbildung 1).

---

[27] Vgl. Becker, H. (2012), S. 223 ff.
[28] Vgl. Gleske, C. / Laudenklos, F. (2008), S. 467 ff.
[29] Vgl. Dinauer, J. / Zantow, R. (2011), S. 44 f.

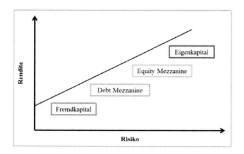

Quelle: Entnommen aus: Becker, H. (2012), S. 224.
Abb. 1: Einordnung mezzaniner Instrumente

2.1.3 SPANNUNGSFELD ZWISCHEN EIGEN- UND FREMDKAPITAL

Aufgrund der unterschiedlichen Charakteristika von Eigen- und Fremdkapital sind die Interessen von Eigenkapitalgebern und Gläubigern in vielen Situationen diametral. Insbesondere der Nachrang der Eigenkapitalgeber im Insolvenzfall sowie die gewinnabhängige Vergütung sorgen dafür, dass Eigenkapital gegenüber Fremdkapital mit höheren Risiken behaftet ist und somit die Kapitalkosten aus Sicht des Unternehmens von Eigenkapital über dem von Fremdkapital liegen.[30] Während die Eigenkapitalgeber ein Interesse daran haben, den Gewinn durch Einsatz von günstigerem Fremdkapital zu steigern, steigt aus Sicht der Gläubiger mit zunehmender Verschuldung die Gefahr, dass der erfolgsunabhängige Kapitaldienst (Zins und Tilgung) nicht erbracht werden kann.[31] Daher werden die Gläubiger darauf drängen, dass die Gesamtverschuldung des Unternehmens begrenzt wird.[32]

2.1.4 KENNZAHLEN ZUR MESSUNG DER KAPITALSTRUKTUR

Abbildung 2 gliedert die Ansätze, die sich für die Analyse der Kapitalstruktur eignen. Die empirische Untersuchung in Kapitel 4 wird so konzipiert sein, dass Kennzahlen aller drei Ansätze Verwendung finden.

---

[30] Vgl. Swoboda, P. (1994), S. 11.
[31] Vgl. Lummert, S. / Schumacher, M. (2009), S. 68.
[32] Vgl. Arbeitskreis „Finanzierung" der Schmalenbach-Gesellschaft für Betriebswirtschaft e.V. (2009), S. 325.

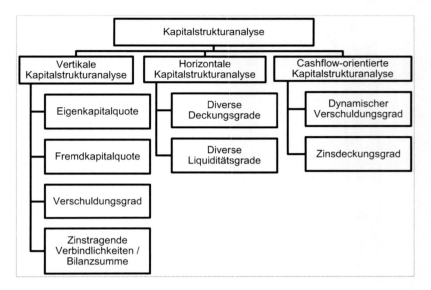

Abb. 2: Ausgewählte Formen der Kapitalstrukturanalyse

Einleitend ist zu erwähnen, dass bei der Berechnung aller Kennzahlen darüber zu entscheiden ist, ob auf Bilanz- oder Marktwerte abgestellt werden soll.[33] Da beim Rückgriff auf Marktwerte Probleme hinsichtlich der Datenverfügbarkeit entstehen können, wird in der Praxis häufig auf Bilanzwerte zurückgegriffen.[34]

Bei der vertikalen Kapitalstrukturanalyse werden verschiedene Positionen der Passivseite der Bilanz zueinander in Relation gesetzt. Die Kennzahl mit der höchsten Visibilität ist dabei sicherlich die Eigenkapitalquote, welche das Eigenkapital ins Verhältnis zum Gesamtkapital setzt.[35] Gerade im Bereich der Kapitalstrukturtheorien, welche vertiefend in Kapitel 3 behandelt werden sollen, wird die Relation aus Eigen- und Fremdkapital meist in Form des

---

[33] Vgl. Perridon, L. et al. (2012) S. 598. Zur vertiefenden Diskussion, ob Bilanz- oder Marktwerte geeigneter sind, sei auf Frank, M. / Goyal, V. (2009), S. 2 f. verwiesen.

[34] Während es bei börsennotierten Aktiengesellschaften noch relativ einfach ist, den Wert des Eigenkapitals anhand des aktuellen Börsenkurses zu errechnen, so ist dies bei ungelisteten Gesellschaften nur über den aufwändigen Weg einer Unternehmensbewertung möglich.

[35] Vgl. Dinauer, J. / Zantow, R. (2011), S. 533 f.

Verschuldungsgrades (Fremdkapital / Eigenkapital) ausgedrückt.[36] Alle drei genannten Kennzahlen haben gemeinsam, dass sie bei der Erfassung der Verschuldung auch das Fremdkapital einschließen, welches nicht zinstragend ist und z.b. in Form der Verbindlichkeiten aus Lieferung und Leistung eher Transaktions- als Finanzierungscharakter besitzt. Die Logik, welche sich hinter diesem Ansatz verbirgt, ist die Ermittlung der Residualgröße, welche den Eigenkapitalgebern im Liquidationsfall nach Abzug aller Schulden verbleibt. Alternativ kann die Verschuldung auch ohne diese nicht zinstragenden Verbindlichkeiten (im angelsächsischen spricht man hierbei vom „Debt" im Vergleich zur Gesamtposition der „Liabilities") ermittelt und in Relation zur Bilanzsumme gesetzt werden.[37]

Im Rahmen der horizontalen Kapitalstrukturanalyse erfolgt keine isolierte Betrachtung der Passivseite. Vielmehr wird eine Relation zu den Vermögenswerten des Unternehmens dargestellt. Dies dient dem Zweck eines Fristigkeitsvergleiches zwischen der Kapital- und der Vermögensseite der Bilanz. In der Analysepraxis haben sich dabei eine Vielzahl an Deckungs- und Liquiditätsgraden herausgebildet, welche Auskunft darüber geben sollen, ob das Unternehmen adäquat finanziert ist. Auf Basis dieser wurden eine Vielzahl an Praktikerregeln hinsichtlich einer adäquaten Finanzierungsstruktur entwickelt. Auf diese soll in Kapitel 3.4 näher eingegangen werden.[38]

Der dritte Ansatz zur Analyse der Kapitalstruktur stellt eine Relation zwischen Passivpositionen und Cashflow- bzw. GuV-Größen her. So setzt der dynamische Verschuldungsgrad in der am meisten verbreiteten Version die zinstragende Verschuldung in Relation zur Ertragskraft des Unternehmens in Form der Erfolgsgröße Earnings Before Interest, Taxes, Depreciation and Amortization (EBITDA). Häufig wird die Verschuldung dabei auch als Nettogröße betrachtet, indem die liquiden Mittel des Unternehmens in Abzug gebracht werden.[39] Die Kennzahl gibt an, wie viele Jahre das Unternehmen sein komplettes EBITDA verwenden müsste, um die zinstragenden Verbind-

---

[36] Sofern eine der Kennzahlen Eigenkapitalquote, Fremdkapitalquote oder Verschuldungsgrad bekannt ist, können die jeweils anderen beiden daraus berechnet werden. Insofern beschreiben die drei Kennzahlen allesamt den gleichen Sachverhalt.

[37] Vgl. Rajan, R. / Zingales, L. (1995), S. 1428 f.

[38] Vgl. Perridon, L. et al. (2012), S. 601 ff.

[39] Vgl. Becker, H. (2012), S. 13 ff.

lichkeiten zurückzuführen. Um das dem Fremdkapital immanente Risiko ergebnisunabhängiger Zahlungsverpflichtungen abzubilden, eignet sich die Berechnung des Zinsdeckungsgrades. Hierbei wird eine Cashflow-Größe (meist in Form der Earnings Before Interest and Taxes (EBIT) oder des EBITDA) den Zinsaufwendungen gegenübergestellt. Ein Faktor von 4 gibt dabei bspw. an, dass die Zinsaufwendungen durch das EBIT oder EBITDA vierfach überdeckt sind. Kritisch anzumerken ist jedoch, dass im Zinsdeckungsgrad lediglich der Zinsaufwand, jedoch keine Tilgungsverpflichtungen erfasst werden. Somit unterliegt die Kennzahl der Annahme, dass fällige Verbindlichkeiten durch die Aufnahme neuer Verbindlichkeiten refinanziert werden, was jedoch insbesondere in schwierigen Phasen des Unternehmens nicht zwingend der Fall sein muss.[40]

2.2 RENTABILITÄT

2.2.1 BEGRIFFSDEFINITION UND ABGRENZUNG

Die Rentabilität gehört neben dem absoluten Gewinn, der Produktivität und der Wirtschaftlichkeit zu den zentralen Erfolgsgrößen der Betriebswirtschaftslehre (vgl. Tabelle 4). Sie errechnet sich aus dem Quotienten einer Erfolgsgröße sowie einer Bezugsgröße, von welcher ein Einfluss auf die Erfolgsgröße vermutet wird.[41] Die so dargestellten Ursache-Wirkungszusammenhänge zeigen in einer Kennzahl auf, wie wirtschaftlich die vom Unternehmen eingesetzten Ressourcen verwendet werden.[42] Hiervon abzugrenzen sind wertorientierte Kennzahlenkonzepte wie beispielsweise der Economic Value Added (EVA). Diese haben zum Ziel, die Erhöhung des Unternehmenswertes zu messen, indem sie den Überschuss des Gewinnes über die Kapitalkosten in absoluten Geldeinheiten angeben.[43]

[40] Vgl. Rajan, R. / Zingales, L. (1995), S. 1429.
[41] Vgl. Behringer, S. (2011), S. 71.
[42] Vgl. Zell, M. (2008), S. 147.
[43] Vgl. Ewert, R. / Wagenhofer, A. (2007), S. 524 ff.; Horster, J. / Knauer, T. (2012), S. 118.

Tab. 4: Betriebswirtschaftliche Erfolgsgrößen

Erfolgsmaßstab	Definition
Gewinn	Ertrag - Aufwand
Produktivität	Output / Input (mengenmäßig)
Wirtschaftlichkeit	Output / Input (wertmäßig)
Rentabilität	Erfolgsgröße / vermutete Einflussgröße

Quelle: Eigene Darstellung, in Anlehnung an: Wöhe, G. (2013), S. 38.

2.2.2 FORMEN DER RENTABILITÄTSMESSUNG

Durch die Kombination verschiedener Erfolgs- und Basisgrößen lassen sich diverse Rentabilitätskennzahlen konstruieren.[44] Tabelle 5 gibt einen Überblick über die verschiedenen gängigen Kombinationen aus Erfolgs- und Basisgrößen, welche in der Folge näher betrachtet werden sollen:

Tab.5: Einteilung ausgewählter Rentabilitätskennzahlen

Erfolgsgröße Basisgröße	Gewinn / Zins	Cashflow
Kapital	Kapitalrentabilität	keine Relevanz[45]
▪ Gesamtkapital ▪ Eigenkapital ▪ Fremdkapital ▪ eingesetztes Kapital ▪ gezeichnetes Kapital	▪ Gesamtkapitalrentabilität ▪ Eigenkapitalrentabilität ▪ Fremdkapitalrentabilität ▪ Return on Capital Employed (ROCE) ▪ Gewinn pro Aktie (Earnings per Share; EPS)	
Umsatz	Umsatzrentabilität	EBITDA-/ EBIT-Marge

---

[44] Vgl. Becker, H. (2012), S. 9 f.

[45] Wenn die Relation aus Cashflowgrößen und Kapitalpositionen ermittelt wird, stellt in der Regel die Cashflowgröße die Basis dar (z.B. Nettoverschuldung zu EBITDA).

Als Erfolgsgrößen werden in der Praxis vor allem der Gewinn und der Cashflow in Betracht gezogen. Bei Verwendung des Gewinns ist zudem darüber zu entscheiden, ob auf die Vor- oder Nachsteuerberechnung abgestellt wird. Da die Steuerquote von Unternehmen zu Unternehmen stark divergieren kann, ist bei einem Peer-Vergleich die Nutzung einer Vorsteuergröße zu bevorzugen.[46] Weiterhin ist je nach Wahl der Bezugsbasis der Zinsaufwand zum Jahresüberschuss hinzuzuaddieren.[47]

Als Basisgrößen eignen sich das Kapital in den verschiedensten Ausprägungen oder der Umsatz. Daraus abgeleitet kann eine Einteilung der Rentabilitätskennzahlen in Kapitalrentabilität und Umsatzrentabilität erfolgen.[48] Da bei den Kapitalrentabilitäten eine Stromgröße (der Gewinn) zu einer Bestandsgröße (jeweiliges Kapital) in Bezug gebracht wird, muss theoretisch eine Durchschnittsbetrachtung der Kapitalgröße erfolgen.[49]

Während die Umsatzrentabilität nur wenige Variationen kennt – nämlich als Vor- und Nachsteuerkennzahl – so ist die Vielfalt der Kapitalrentabilitätskennzahlen deutlich größer: Ausgehend von der Betrachtung des Gesamtkapitals als Summe aller Passivpositionen kann zunächst eine weitere Untergliederung in Eigen- und Fremdkapital erfolgen.[50] Ausgehend von der gewählten Basis ist nun zu entscheiden, welche korrespondierende Erfolgsgröße zu verwenden ist: Betrachtet man die Rentabilität aus Sicht sämtlicher Kapitalgeber, so ist der s.g. entity approach zu wählen. Dieser betrachtet das gesamte Kapital. In der Folge müssen sämtliche Erträge aus Eigen- und Fremdkapital als Erfolgsgröße erfasst werden. Somit sind neben dem Gewinn auch die Zinserträge des Fremdkapitals zu berücksichtigen. Wird die Rentabilität hingegen aus Sicht der Eigenkapitalgeber im equity approach betrachtet, so ist lediglich der Gewinn (in Form des Jahresüberschusses) zu berücksichtigen.[51]

---

[46] Vgl. Coenenberg, A. et al. (2012), S. 1147.

[47] Vgl. Ewert, R. / Wagenhofer, A. (2007), S. 527.

[48] Vgl. Coenenberg, A. et al. (2012), S. 1144 f.

[49] Vgl. Zell, M. (2008), S. 147. Eine taggenaue Betrachtung wird in der Praxis jedoch meist nicht vorgenommen. Stattdessen erfolgt häufig die Bildung des arithmetischen Mittels aus Anfangs- und Endbestand oder es wird vereinfachend lediglich auf den Endbestand abgestellt.

[50] Vgl. Becker, H. (2012), S. 9.

[51] Vgl. Ewert, R. / Wagenhofer, A. (2007), S. 527.

Eine Modifizierung der Gesamtkapitalrentabilität erfolgt in der Betrachtung des Return on Capital Employed (ROCE). Hierbei wird das Gesamtkapital um die Bestandteile des Fremdkapitals bereinigt, welche nicht zinstragend sind und dem Unternehmen somit ohne Kosten zur Verfügung gestellt werden. Hierbei handelt es sich hauptsächlich um Verbindlichkeiten aus Lieferung und Leistung.[52] Wird der Gewinn auf die Anzahl der Aktien bezogen, ergibt sich die Kennzahl Ergebnis je Aktie (Earnings per Share; EPS). Diese ist gem. IAS 33.2 für Unternehmen zwingend zu veröffentlichen, wenn sich dessen Stammaktien im öffentlichen Handel befinden.[53]

Neben den vorgenannten, auf den Gewinn bzw. den Gewinn vor Zinsaufwand bezogenen Kennzahlen gewinnen in der betrieblichen Praxis zunehmend die diversen EBIT-Kennzahlen an Bedeutung, da diese eine höhere Cashflow-Orientierung aufweisen. Besondere Beachtung findet neben dem EBIT vor allem das EBITDA.[54]

---

[52] Vgl. Behringer, S. (2011), S. 72.
[53] Vgl. Coenenberg, A. et al. (2012), S. 598.
[54] Vgl. Behringer, S. (2011), S. 69 f.

Tabelle 6 fasst die wesentlichen Rentabilitätskennzahlen zusammen und zeigt deren Berechnungslogik auf.[55]

Tab. 6: Ausgewählte Rentabilitätskennzahlen und deren Berechnungslogik

Kennzahl	Berechnung
Umsatzrentabilitäten:	
Umsatzrentabilität	$\dfrac{Gewinn}{Umsatzerlöse}$
EBITDA-Marge	$\dfrac{EBITDA}{Umsatzerlöse}$
EBIT-Marge	$\dfrac{EBIT}{Umsatzerlöse}$
Kapitalrentabilitäten:	
Gesamtkapitalrentabilität	$\dfrac{Gewinn + Fremdkapitalzinsen}{Eigenkapital + Fremdkapital}$
Eigenkapitalrentabilität	$\dfrac{Gewinn}{Eigenkapital}$
Fremdkapitalrentabilität	$\dfrac{Fremdkapitalzinsen}{Fremdkapital}$
ROCE	$\dfrac{Gewinn + Fremdkapitalzinsen}{Gesamtkapital - nicht\ zinstragende\ Verbindlichkeiten}$
EPS	$\dfrac{Gewinn}{gewichtete\ Durchschnittszahl\ der\ Aktien}$

2.2.3 AUSSAGEKRAFT UND GRENZEN

In Form von Rentabilitätskennzahlen gelingt es, komplexe Zusammenhänge vereinfacht darzustellen. Somit dienen sie als Grundlage für Management-Entscheidungen und zur Analyse historischer Entwicklungen. Durch die relative Betrachtung (auf Basis des Umsatzes oder verschiedener Kapitalformen) eignen sie sich weiterhin, um Unternehmen verschiedener Größenklassen zu vergleichen.[56] So verwundert es auch nicht, dass 91% der 110 im HDAX[57] notierten Unternehmen angeben, Rentabilitätskennzahlen zum Zwecke der Unternehmenssteuerung zu nutzen.[58] Weiterhin ist die Berechnung einfach durchzuführen, da die Datenbasis über das externe Rechnungswesen problemlos zur Verfügung steht. Auch externe Adressaten wie beispielsweise

---

[55] Vgl. Becker, H. (2012), S. 9 f.; Behringer, S. (2011), S. 71 f.; Vgl. Coenenberg, A. et al. (2012), S. 598; Zell, M. (2008), S. 147 f.

[56] Vgl. Lukas, C. / Rapp, M. (2013), S. 69.

[57] Der HDAX besteht aus den DAX-, MDAX- und TecDAX-Unternehmen.

[58] Vgl. Horster, J. / Knauer, T. (2012), S. 121 f. Basis der Berechnung waren die Jahresabschlüsse zum 31.12.2010.

Aktienanalysten oder Rating-Agenturen können die Kennzahlen zudem leicht nachvollziehen, da sie sich aus den im Jahresabschluss veröffentlichten Zahlen errechnen.[59] Neben diesen Vorzügen der Rentabilitätskennzahlen weisen sie in ihrer Konzeption auch einige Begrenzungen auf. Erfolgt die Unternehmenssteuerung und somit auch der Aufbau der Anreizsysteme des Managements auf einer isolierten Betrachtung der Rentabilität, so kann es dabei zu Fehlanreizen kommen, da diese auch dadurch verbessert werden kann, indem die Basisgröße minimiert wird. Beispielsweise könnte die Gesamtkapitalrentabilität dadurch optimiert werden, dass der Kapitaleinsatz durch die Veräußerung von nicht betriebsnotwendigem Vermögen verringert wird. Auch wenn hierdurch unter Umständen die zukünftige Ertragskraft des Unternehmens geschwächt würde, zeigt die Kennzahl eine Verbesserung. Daher empfehlen Lukas und Rapp, Rentabilitätskennzahlen nie isoliert zu betrachten, sondern um mindestens eine absolute Größe als Steuerungszahl zu ergänzen.[60] Eine weitere Beschränkung der Rentabilitätskennzahlen liegt in der Gewinnung der Daten aus dem externen Rechnungswesen. Folglich sind diese durch bilanzpolitische Maßnahmen verzerrt und können so auch gezielt manipuliert werden.[61] Eng in Verbindung hierzu steht die Schwäche der Rentabilitätskennzahlen, keine zeitliche Konsistenz aufzuweisen. Nimmt man beispielsweise an, ein Unternehmen hätte nur eine Maschine, mit welcher dieses einen gleichbleibenden Gewinn erwirtschaftet und unterstellt ferner, dass keine Reinvestition der Abschreibungsgegenwerte erfolgt, so verbessert sich die Gesamtkapitalrentabilität allein dadurch, dass die Kapitalbasis abnimmt.[62] Weiterhin ist zu beachten, dass – wie bei sämtlichen auf historischen Daten beruhenden Kennzahlen – nur begrenzt auf die zukünftige Entwicklung geschlossen werden kann.[63] Problematisch an den

---

[59] Vgl. Horster, J. / Knauer, T. (2012), S. 119.
[60] Vgl. Lukas, C. / Rapp, M. (2013), S. 70.
[61] Vgl. Becker, H. (2012), S. 10; Horster, J. / Knauer, T. (2012), S. 119. Für eine vertiefende Analyse des Einflusses der Rechnungslegung auf Rentabilitätskennzahlen vgl. Lampenius, N. / Ungemach, F. (2012), S. 214 ff.
[62] Vgl. Lukas, C. / Rapp, M. (2013), S. 70.
[63] Vgl. Ewert, R. / Wagenhofer, A. (2007), S. 523 f.

Rentabilitätskennziffern ist zudem, dass das Risiko, welches der Rendite gegenübersteht, keine Berücksichtigung findet.[64] Betrachtet man die Gegenüberstellung der Vor- und Nachteile der Verwendung von Rentabilitätskennzahlen in Tabelle 7, so ist zu konstatieren, dass Rentabilitätskennzahlen für das Management und für externe Adressaten wichtige Größen zur Beurteilung der Ertragskraft des Unternehmens darstellen. Es ist allerdings darauf zu achten, dass bei der Konzeption eines Kennzahlensystems die Schwächen der Rentabilitätskennzahlen durch Aufnahme von wertorientierten Kennzahlen kompensiert werden.[65]

Tab. 7: Vor- und Nachteile von Rentabilitätskennzahlen

Vorteile	Nachteile
• komprimierte Darstellung komplexer Sachverhalte	• potentielle Fehlanreize bei isolierter Betrachtung
• Informationsbasis für Entscheidungen	• Verzerrung durch bilanzpolitische Maßnahmen
• Branchenvergleich möglich	• keine zeitliche Konsistenz
• Datenbasis über Rechnungswesen vorhanden	• beschränkte Aussagefähigkeit hinsichtlich der zukünftigen Entwicklung
• auch für Externe leicht nachvollziehbar	

2.3 ZUSAMMENHANG ZWISCHEN KAPITALSTRUKTUR UND RENTABILITÄT

In Kapitel 2.2.2 wurde bereits aufgezeigt, dass ein Großteil der Rentabilitätskennzahlen als Basisgröße eine Kapitalgröße aufweist. Am Beispiel der Eigenkapitalrentabilität wird deutlich, dass durch eine Reduktion des Eigenkapitals (z.B. in Form einer Sonderdividende) im Nenner eine Optimierung der Eigenkapitalquote erfolgen kann, sofern es gelingt, den Gewinn als absolute Größe konstant zu halten. Dies setzt zudem voraus, dass das ausgeschüttete Eigenkapital durch zusätzliches Fremdkapital kompensiert oder der Gesamtkapitalbedarf z.B. durch Veräußerung von nicht betriebsnotwendigem

---

[64] Vgl. Horster, J. / Knauer, T. (2012), S. 119.
[65] Vgl. Lukas, C. / Rapp, M. (2013), S. 72 f.

Vermögen gesenkt werden kann. Dieser Zusammenhang zwischen Eigenkapitalrentabilität, Fremdkapitalrentabilität und Verschuldung wird im Konzept
des Leverage-Effekts modelliert.[66] Sofern durch die Wahl der Kapitalstruktur
die Kapitalkosten verändert werden, können durch Kapitalstrukturentschei-
dungen sogar über die Rentabilität hinaus die (absoluten) wertorientierten
Kennzahlen optimiert werden. Hiermit befassen sich die Kapitalstrukturtheorien, welche in Kapitel 3 vorgestellt werden. Als Grundlage hierfür sollen
vorab jedoch das Konzept des Leverage-Effekts und einführende Überlegungen hinsichtlich der Kapitalkosten skizziert werden.

2.3.1 LEVERAGE-EFFEKT

Wie in Kapitel 2.1.2 erörtert, wird das Fremdkapital mit einem fixen ergebnis-
unabhängigen Zinsanspruch vergütet. Den Eigenkapitalgebern steht hingegen der Gewinn als Residualgröße zu. Sofern nun die Gesamtkapitalrendite
des Unternehmens über der Fremdkapitalverzinsung liegt, besagt das Konzept des Leverage-Effekts, dass die Eigenkapitalrendite dadurch erhöht
werden kann, dass relativ gesehen teureres Eigenkapital durch günstigeres
Fremdkapital ersetzt wird.[67] Dieser Zusammenhang drückt sich in der folgenden Formel aus:[68]

$$r_{EK} = r_{GK} + \frac{FK}{EK}(r_{GK} - i)$$

Dabei gilt: r_{EK} = Eigenkapitalrendite, r_{GK} = Gesamtkapitalrendite, i = Fremdkapitalzinssatz, FK = Fremdkapital, EK = Eigenkapital.

Der Quotient aus Fremdkapital und Eigenkapital wird als Verschuldungsgrad
oder auch Financial Leverage bezeichnet.[69] Bei der Möglichkeit der Steigerung der Eigenkapitalrendite durch die Erhöhung des Financial Leverage
spricht man auch von der Leverage-Chance. Fällt jedoch die Gesamtkapitalrendite unter den Fremdkapitalzinssatz, dreht sich der Effekt und das Leverage-Risiko kommt zum Tragen.[70]

---

66 Vgl. Dinauer, J. / Zantow, R. (2011), S. 523 f.
67 Vgl. Thommen, J.-P. (2011), S. 90 f.
68 Vgl. Becker, H. (2012), S. 11.
69 Vgl. Perridon, L. et al. (2012), S. 520 ff.
70 Vgl. Dinauer, J. / Zantow, R. (2011), S. 524.

Folgendes Beispiel soll den Leverage-Effekt verdeutlichen: Man nehme an, dass der Gesamtkapitalbedarf eines Unternehmens 100 Mio. EUR betrage. Der Zinssatz i des Fremdkapitals sei konstant 6%. Nun soll die Entwicklung der Eigenkapitalrendite für verschiedene Verschuldungsgrade untersucht werden. Hierbei wird für jeden Verschuldungsgrad sowohl eine Gesamtkapitalrendite über dem FK-Zinssatz (hier: 8%) als auch unter dem FK-Zinssatz (hier: 4%) simuliert. Tabelle 8 liefert die Ergebnisse des Rechenbeispiels und verdeutlicht die Leverage-Chance und das Leverage-Risiko.

Tab. 8: Leverage-Chance und Leverage-Risiko

EK (MEUR)	100,0		80,0		60,0		40,0		20,0		0,0	
FK (MEUR)	0,0		20,0		40,0		60,0		80,0		100,0	
GK (MEUR)	100,0		100,0		100,0		100,0		100,0		100,0	
Verschuldungsgrad	**0,0**		**0,3**		**0,7**		**1,5**		**4,0**		**∞**	
r_{GK} in %	8,0	4,0	8,0	4,0	8,0	4,0	8,0	4,0	8,0	4,0	8,0	4,0
Bruttoertrag (MEUR)	8,0	4,0	8,0	4,0	8,0	4,0	8,0	4,0	8,0	4,0	8,0	4,0
./. FK-Zins (MEUR)	0,0	0,0	1,2	1,2	2,4	2,4	3,6	3,6	4,8	4,8	6,0	6,0
= Gewinn (MEUR)	**8,0**	**4,0**	**6,8**	**2,8**	**5,6**	**1,6**	**4,4**	**0,4**	**3,2**	**-0,8**	**2,0**	**-2,0**
r_{EK} in %	8,0	4,0	8,5	3,5	9,3	2,7	11,0	1,0	16,0	-4,0	∞	- ∞

Quelle: Eigene Darstellung, in Anlehnung an: Perridon, L. et al. (2012), S. 521.

Unter der Annahme, dass sich der Fremdkapitalzinssatz bei Erhöhung des Verschuldungsgrades nicht verändert, ergibt sich ein linearer Zusammenhang zwischen Verschuldungsgrad und Eigenkapitalrendite.[71] Aufgrund der steigenden Gefahr, dass das Unternehmen seinen Zahlungsverpflichtungen nicht mehr nachkommen kann, werden in der Praxis die Fremdkapitalgeber bei steigender Verschuldung jedoch einen Risikoaufschlag verlangen, so dass die Leverage-Chance abgeschwächt und das Leverage-Risiko aus Sicht der Eigenkapitalgeber verstärkt wird.[72] Den Zusammenhang zwischen Eigenkapitalrendite und Verschuldungsgrad bei konstantem und bei ansteigendem Fremdkapitalzinssatz illustriert Abbildung 3.

---

[71] Vgl. Perridon, L. et al. (2012), S. 522.
[72] Vgl. Thommen, J.-P. (2011), S. 90 f.

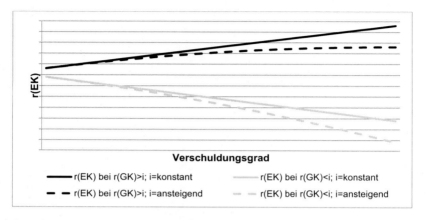

Quelle: Eigene Darstellung, in Anlehnung an: Perridon, L. et al. (2012), S. 524.

Abb. 3: Leverage-Effekt bei konstantem und ansteigendem FK-Zinssatz

2.3.2 KAPITALKOSTEN

Die Überlegungen hinsichtlich des Leverage-Effektes fanden bislang aus Sicht der Eigenkapitalgeber statt. Nun soll die Perspektive verändert und die Kapitalstruktur aus Sicht des Unternehmens betrachtet werden. Die gesamten Kapitalkosten, die ein Unternehmen zu tragen hat, setzen sich zusammen aus den Fremdkapitalkosten sowie den Eigenkapitalkosten.[73] Die Fremdkapitalkosten ergeben sich dabei aus dem Aufwand des vertraglich fixierten Zinsanspruches. Die Eigenkapitalkosten entsprechen in dieser Betrachtungsweise den von den Eigenkapitalgebern erwarteten Renditen. Diese sind u.a. davon abhängig, welche Renditen ein Investment in vergleichbare Unternehmen einbringt.[74]

---

[73] Vgl. Perridon, L. et al. (2012), S. 526 ff.

[74] Die Berechnung der Eigenkapitalkosten erfolgt in der Regel über das Capital Asset Pricing Modell (CAPM). Dieses baut auf der Modernen Portfoliotheorie von Markowitz auf. Ausgehend vom s.g. Marktportfolio, in welchem alle risikobehafteten Einzelanlagen enthalten sind, sowie dem risikolosen Zinssatz kann die s.g. Wertpapierlinie konstruiert werden. Diese stellt einen linearen Zusammenhang zwischen der Höhe des übernommenen systematischen Risikos sowie der erwarteten Rendite dar. Anschließend wird die Stärke der Kursschwankung der Einzelanlage mit dem Marktportfolio verglichen und in Form des Betas gemessen. Die erwartete Rendite der Einzelanlage kann nun dadurch ermittelt werden, dass die erwartete Marktrendite mit dem Beta-Faktor multipliziert und anschließend dem risikolosen Zinssatz hinzuaddiert wird. Vgl. Spreman, K. (2008), S. 285 ff. Dieser Grundgedanke wird nun auf die Bestimmung der Eigenkapitalkosten eines Unternehmens übertragen, wobei der Betafaktor des Unternehmens mit steigender Verschuldung zunimmt. Vgl. Perridon, L. et al. (2012), S. 546 ff.

Die gesamten Kapitalkosten r_{GK} ergeben sich dann anhand folgender Formel:

$$r_{GK} = FK \times i + EK \times r_{EK}^*$$

Dabei gilt: i = Fremdkapitalzinssatz, r_{EK}^* = von den Eigenkapitalgebern geforderte Rendite, FK = Fremdkapital, EK = Eigenkapital.

Betrachtet man hingegen die durchschnittlichen Kapitalkosten r_d, so lassen sich diese nun wie folgt berechnen: [75]

$$r_d = \frac{EK}{GK} \times r_{EK}^* + \frac{FK}{GK} \times i$$

Sofern es möglich ist, diese durchschnittlichen Kapitalkosten durch die Wahl der Kapitalstruktur zu beeinflussen, wäre die zentrale Fragestellung dieser Ausarbeitung, ob es einen Zusammenhang zwischen der Kapitalstruktur und der Rentabilität gibt, zu bejahen. Hiermit befassen sich eine Vielzahl an Kapitalstrukturtheorien, welche im folgenden Kapitel näher dargestellt werden sollen.

---

[75] Vgl. Dinauer, J. / Zantow, R. (2011), S. 524 f. Auf die im Rahmen von Discounted Cashflow (DCF)-Verfahren zurückgegriffene Berechnungsmethode mittels des Weighted Average Cost of Capital (WACC)- oder des Adjusted Present Value (APV)-Ansatzes wird an dieser Stelle verzichtet. Zu einer ersten Annäherung an diesen Themenkomplex vgl. Perridon, L. et al. (2012), S. 227 ff.

3 THEORIEN HINSICHTLICH EINER OPTIMALEN KAPITAL-STRUKTUR

3.1 ZIELE EINER OPTIMALEN KAPITALSTRUKTUR

Die Ziele einer optimalen Kapitalstruktur sind gleichgerichtet mit den finanzwirtschaftlichen Zielen eines Unternehmens. Klassischerweise werden hierbei in der Literatur als Oberziele neben der Maximierung der Rentabilität die Unabhängigkeit, die Liquidität sowie die Sicherheit gesehen (vgl. Abbildung 4).[76]

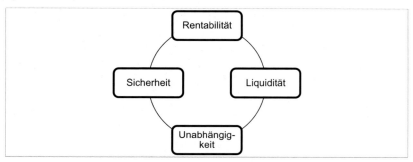

Abb. 4: Ziele einer optimalen Kapitalstruktur

Die Unabhängigkeit fordert dabei den Erhalt der Flexibilität des Unternehmens. Im Bereich der Finanzierung ist folglich darauf zu achten, dass sich das Unternehmen jederzeit an veränderte Kapitalbedürfnisse anpassen kann.[77] Eingeschränkt wird diese neben zu hohen fixen Zahlungsverpflichtungen in Form von Zins und Tilgung beispielsweise durch die Gewährung von Mitspracherechten externer Kapitalgeber sowie der Stellung von Sicherheiten für Kredite.[78]

Das Ziel der Liquidität besagt, dass es dem Unternehmen jederzeit möglich sein muss, seinen Zahlungsverpflichtungen nachzukommen. Besonders hervorzuheben ist, dass die Nichterfüllung dieses Ziels einhergeht mit der

---

[76] Vgl. Perridon, L. et al. (2012), S. 11 ff.
[77] Vgl. Thommen, J.-P. (2011), S. 95 f.
[78] Vgl. Perridon, L. et al. (2012), S. 11 f.

Eröffnung eines Insolvenzverfahrens.[79] Daher wird in einem Zielsystem beim Liquiditätskriterium auch von der „strengen Nebenbedingung" gesprochen.[80] Das Kriterium der Sicherheit spielt sowohl bei Investitionsentscheidungen, als auch bei der Wahl der Kapitalstruktur eine große Rolle. So steigt beispielsweise durch eine hohe Verschuldung die Gefahr, dass die fixen Zinsansprüche bei einem Einbruch der aus dem operativen Betrieb erwirtschafteten Cashflows nicht mehr bedient werden können.[81] Nach Betrachtung der zuvor genannten Kriterien wird deutlich, dass diese zumeist in einem Spannungsfeld zum vierten finanzwirtschaftlichen Ziel, der Maximierung der Rentabilität, stehen.[82] So begünstigt beispielsweise ein hoher Cash-Bestand die finanzielle Unabhängigkeit des Unternehmens und minimiert die Wahrscheinlichkeit, dass das Unternehmen seinen Zahlungsverpflichtungen nicht nachkommen kann. Zeitgleich wirkt sich jedoch die hohe Kassenhaltung negativ auf die Rentabilität aus.

Eine aktive Kapitalstrukturpolitik mit dem Ziel der Implementierung einer optimalen Kapitalstruktur muss neben diesen vier Hauptzielen des Finanzmanagements insbesondere die Interessen der verschiedenen Kapitalgeber berücksichtigen.[83] Wie die Darstellung der verschiedenen Theorien hinsichtlich einer optimalen Kapitalstruktur im Folgenden aufzeigen wird, werden bei einem Großteil der Kapitalstrukturmodelle hingegen lediglich die Parameter Rendite und Risiko beachtet. Erst neuere Ansätze reflektieren weitere Faktoren.

3.2 VERSCHIEDENE MODELLANSÄTZE

In der Literatur finden sich eine Vielzahl an Kapitalstrukturmodellen, welche allesamt der Frage nach einer optimalen Kapitalstruktur nachgehen. Die Modelle können anhand ihrer verschiedenen Ansätze wie in Abbildung 5

---

[79]   Als Insolvenzgründe nennt die Insolvenzverordnung (InsO) die Zahlungsunfähigkeit (§ 17 InsO), die drohende Zahlungsunfähigkeit (§ 18 InsO) sowie die Überschuldung (§ 19 InsO).

[80]   Vgl. Dinauer, J. / Zantow, R. (2011), S. 39.

[81]   Vgl. Perridon, L. et al. (2012), S. 15.

[82]   Zur Definition sowie verschiedenen Ansätze zur Messung der Rentabilität sei auf Kapitel 2.2.2 verwiesen.

[83]   Vgl. Arbeitskreis „Finanzierung" der Schmalenbach-Gesellschaft für Betriebswirtschaft e.V. (2009), S. 326.

dargestellt gegliedert werden. Nachfolgend sollen dann die am häufigsten beachteten Modelle vorgestellt werden.[84]

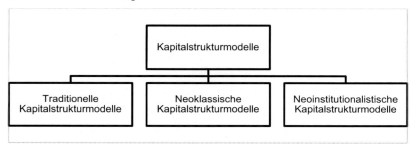

Quelle: Eigene Darstellung, in Anlehnung an: Perridon, L. et al. (2012), S. 519

Abb. 5: Übersicht verschiedener Ansätze von Kapitalstrukturmodellen

Die traditionellen Kapitalstrukturmodelle geben mit Hilfe verhaltenstheoretischer Annahmen Handlungsempfehlungen, wie die Kapitalkosten minimiert und der Unternehmenswert dadurch gesteigert werden kann.

Die neoklassischen Kapitalstrukturmodelle, welche auf dem Werk von Modigliani und Miller beruhen, gehen in der Grundform zunächst von der Irrelevanz der Kapitalstruktur aus. Darauf aufbauend werden die sehr modellhaften Annahmen modifiziert und weitere Kapitalstrukturmodelle wie die Trade-Off-Theorie entwickelt.[85]

Die neoinstitutionalistischen Modelle erweitern die Parameter Rendite und Risiko um weitere, in der Realität beobachtbare Effekte wie Informationsasymmetrien zwischen verschiedenen Interessengruppen. Die auf Myers und Majluf zurückgehende Pecking-Order-Theorie fällt beispielsweise in diese Gruppe.[86]

---

[84] Neben den hier genannten Ansätzen werden häufig auch noch klassische Kapitalstrukturmodelle genannt, welche einen vollkommenen Kapitalmarkt skizzieren, auf dem ein einheitlicher Zinssatz vorherrscht, zu dem sich alle Marktteilnehmer verschulden oder Finanzmittel anlegen können. Verschiedene Finanzierungsformen spielen somit keine Rolle und die Kapitalstruktur ist irrelevant. Vgl. hierzu Perridon, L. et al. (2012), S. 519; Swoboda, P. (1994), S. 42 ff. Darüber hinaus existieren eine Vielzahl an weiteren Modellen – z.B. führen Harris und Raviv in ihrer Übersicht über kapitalstrutkurtheoretische Modelle alleine vier verschiedene Agency-basierte Modelle auf – welche hier jedoch nicht weiter beleuchtet werden. Vgl. Harris, M. / Raviv, A. (1991), S. 303.

[85] Vgl. Perridon, L. et al. (2012), S. 519 f.

[86] Vgl. Perridon, L. et al. (2012), S. 519 f.

3.2.1 TRADITIONELLE KAPITALSTRUKTURTHEORIE

Bei den grundsätzlichen Überlegungen zum Leverage-Effekt in Kapitel 2.3.1 wurde bereits erörtert, dass in der Realität kein konstanter verschuldungs- gradunabhängiger Fremdkapitalzinssatz angenommen werden kann. Die traditionelle Kapitalstrukturtheorie geht neben diesem ansteigenden Fremd- kapitalzinssatz weiterhin davon aus, dass auch die Renditeanforderungen der Eigenkapitalgeber mit der Erhöhung der Verschuldung zunehmen.[87] Auf Basis unterschiedlicher Risikosensitivitäten der Eigen- und Fremdkapitalge- ber lässt sich dann ein optimaler Verschuldungsgrad berechnen, bei wel- chem die durchschnittlichen Kapitalkosten ihr Minimum haben.[88]

Die Aussagen der traditionellen Kapitalstrukturtheorie sollen anhand nach- folgender Abbildung skizziert werden.

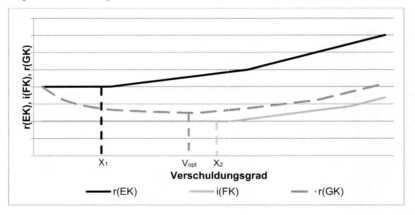

Quelle: Eigene Darstellung, in Anlehnung an: Dinauer, J. / Zagow, R. (2011), S. 525.

Abb. 6: Durchschnittliche Kapitalkosten im traditionellen Kapitalstrukturmodell

Startend von einem Verschuldungsgrad von 0 lassen sich die Kapitalkosten durch Ersetzung von teurerem Eigenkapital durch günstigeres Fremdkapital senken. Ab einem bestimmten Verschuldungsgrad x_1 werden die Eigenkapi-

---

[87]   Vgl. Wöhe, G. (2013), S. 617 f.
[88]   Vgl. Perridon, L. (2012), S. 528.

talgeber jedoch aufgrund des gestiegenen Verschuldungsgradrisikos[89] eine höhere Renditeforderung an das von ihnen investierte Eigenkapital stellen.[90] Ab einem weiteren Punkt x_2 fordern auch die Fremdkapitalgeber einen Risikoaufschlag, da sie fürchten, dass die Sicherheit ihrer Zins- und Tilgungsleistungen durch die immer höher werdenden erfolgsunabhängigen Zahlungsansprüche gefährdet wird.[91] Dies führt dazu, dass der positive Effekt durch die weitere Substitution von Eigen- durch Fremdkapital abgemildert wird und sich ab dem Punkt V_{opt} sogar ins Negative dreht. Der Verschuldungsgrad am Punkt V_{opt} stellt somit den optimalen Verschuldungsgrad dar, da an dieser Stelle die durchschnittlichen Kapitalkosten minimal sind.[92]

3.2.2 NEOKLASSISCHE KAPITALSTRUKTURTHEORIE

Modigliani-Miller-Theorem

Modigliani und Miller veröffentlichten 1958 einen wegweisenden Artikel zum Themengebiet der Kapitalstrukturtheorie.[93] Hierin stellen Modigliani und Miller diverse Thesen bzgl. des Einflusses der Kapitalstruktur auf den Unternehmenswert sowie der Abhängigkeit der durchschnittlichen Kapitalkosten und Eigenkapitalkosten von der Verschuldung auf.[94] Im Modell von Modigliani und Miller wird den Aktien- und Anleihemärkten vollständige Effizienz unterstellt, so dass ungerechtfertigte Preisunterschiede sofort durch Arbitrageprozesse ausgeglichen werden.[95] Die Unternehmen haben zu Finanzierungszwecken entweder die Möglichkeit, Aktien zu emittieren oder durch die Ausgabe von Schuldverschreibungen Fremdkapital aufzunehmen. Dabei haben die Investoren dieselben Erwartungen an die (unsicheren) Renditen. Eine elementare Annahme des Modells ist die Einteilung der Unternehmen

---

[89] Die Streuung der Eigenkapitalrenditen bei Änderungen der Gesamtkapitalrentabilität steigt mit zunehmendem Verschuldungsgrad. Dieses zunehmende Risiko werden die Eigenkapitalgeber in ihre Renditeforderungen einpreisen. Vgl. hierzu Perridon, L. et al. (2012), S. 523 f.

[90] Vgl. Dinauer, J. / Zantow, R. (2011), S. 524.

[91] Vgl. Wöhe, G. (2013), S. 617.

[92] Vgl. Perridon, L. et al. (2012), S. 530 f.

[93] Vgl. Copeland, T. et al. (2008), S. 698.

[94] Vgl. Perridon, L. et al. (2012), S. 532 ff. Auf die unter These 3 zusammengefasste Fragestellung nach dem optimalen Kalkulationszinssatz soll aufgrund der Zielsetzung dieser Ausarbeitung nicht näher eingegangen werden.

[95] Vgl. Miller, M. / Modigliani, F. (1958), S. 267 ff.

in verschiedene Risikoklassen. In der Folge werden Unternehmen derselben Risikoklasse als gleichartig angesehen.[96] Durch dieses Konstrukt der „leistungswirtschaftlichen Risikoklassen"[97] gelingt es, das Risiko, welches im Geschäftsmodell der Unternehmen begründet liegt, und das Risiko, welches sich aufgrund der gewählten Kapitalstruktur ergibt, voneinander isoliert zu betrachten.[98] Die Verzinsung der Anleihen erfolgt mit einem konstanten Zinssatz, welcher unabhängig vom Emittenten und der Höhe des Verschuldungsgrades ist. Weiterhin wird in der Grundform des Modells eine Welt ohne Steuern betrachtet.

Aufgrund der Arbitragefreiheit muss bei Unternehmen, welche lediglich mit Eigenmitteln finanziert sind und derselben Risikoklasse angehören, der Preis, welcher für einen Dollar erwarteten Gewinn bezahlt wird, identisch sein. Dieser Preis, welchen Modigliani und Miller mit ρ_k bezeichnen, ergibt sich als Quotient aus dem erwarteten Gewinn pro Aktie $\bar{x}_j$ und dem Wert eines Unternehmensanteils P_j. Dieser ist für alle Unternehmen einer Risikoklasse konstant und stellt gleichzeitig die erwartete Eigenkapitalrendite dar.[99] Werden nun Unternehmen mit abweichenden Verschuldungsgraden betrachtet, so sind die Investoren nicht mehr nur dem leistungswirtschaftlichen Risiko ausgesetzt, sondern auch einem Verschuldungsrisiko. Somit stellen Aktien von Unternehmen derselben Risikoklasse jedoch unterschiedlicher Verschuldungsgrade keine perfekten Substitute mehr dar. Die Auswirkung der Verschuldung auf den Unternehmenswert und die Kapitalkosten wird von Modigliani und Miller wie folgt untersucht: Der Wert des Unternehmens j V_j entspricht der Summe aus dem Marktwert des Eigenkapitals S_j sowie dem Marktwert des Fremdkapitals D_j. Dieser Quotient muss weiterhin dem Quotienten aus dem erwarteten Gewinn des Unternehmens $\bar{X}_j$ und dem Preis pro erwarteter Gewinneinheit der Risikoklasse ρ_k entsprechen. Es gilt somit: $V_j = \left(S_j + D_j\right) = \frac{\bar{X}_j}{\rho_k}$.[100] Aus dieser Formel leiten Modigliani und Miller ihre These I ab. Diese besagt, dass der Unternehmenswert nicht von der Kapitalstruktur

---

[96]   Vgl. Miller, M. / Modigliani, F. (1958), S. 265 ff.
[97]   Perridon, L. et al. (2012), S. 532.
[98]   Vgl. Perridon, L. et al. (2012), S. 532.
[99]   Vgl. Miller, M. / Modigliani, F. (1958), S. 267.
[100] Vgl. Miller, M. / Modigliani, F. (1958), S. 268.

abhängt, sondern sich durch Abzinsung der erwarteten Erträge mit ρ_k der jeweiligen Risikoklasse ergibt.

Die durchschnittlichen Kapitalkosten eines Unternehmens entsprechen den erwarteten Erträgen seiner Eigenkapital- und Fremdkapitalinstrumente. Sie setzten sich demnach wie folgt zusammen: $\frac{\bar{X}_j}{(S_j + D_j)} = \frac{\bar{X}_j}{V_j} = \rho_k.$[101] Somit sind auch die durchschnittlichen Kapitalkosten eines Unternehmens – analog zu dessen Unternehmenswert – nicht von der Kapitalstruktur abhängig, sondern bestimmen sich alleine durch die Konstante Preis pro erwartetem Ertrag eines zu 100% eigenfinanzierten Unternehmens.[102] Dieser Zusammenhang wird auch als These Ib bezeichnet.[103]

Die Thesen werden von Modigliani und Miller durch diverse Arbitrageprozesse bewiesen. Diese setzen neben den eingangs vorgestellten Prämissen voraus, dass sich die Investoren auf privater Ebene ebenfalls zum gleichen Zinssatz wie die Unternehmen verschulden können.[104] Wenn dies der Fall ist, argumentieren Modigliani und Miller, können Unternehmen für die Aufnahme von Verschuldung keinen Aufschlag erzielen, da jeder Investor, sofern er dies möchte, das Leveraging auf privater Ebene durchführen kann.[105] Myers nennt dies daher das „No Magic in Leverage Theorem".[106]

Die These II von Modigliani und Miller befasst sich mit den Eigenkapitalkosten. Diese ergeben sich aus einer linearen Funktion in Abhängigkeit von der Höhe des Verschuldungsgrades. Somit gilt für die Eigenkapitalkosten jedes Unternehmens der Risikoklasse k folgender Zusammenhang: $r^*_{EK,j} = \rho_k + (\rho_k - i)\frac{D_j}{S_j}$. Wobei i der konstante Fremdkapitalzinssatz darstellt. Somit setzen sich die Eigenkapitalkosten aus der Konstante ρ_k der jeweiligen Risikoklasse sowie einem Aufschlag aufgrund des Verschuldungsrisikos zusammen.[107] Wegen der Annahme eines von der Höhe des Verschuldungsgrades unabhängigen Zinssatzes ergibt sich dadurch eine konstant steigende EK-Rendite mit zunehmender Verschuldung. Auch wenn dieser lineare Zusam-

[101] Vgl. Miller, M. / Modigliani, F. (1958), S. 268.
[102] Vgl. Miller, M. / Modigliani, F. (1958), S. 269.
[103] Vgl. Perridon, L. et al. (2012), S. 533.
[104] Vgl. Perridon, L. et al. (2012), S. 537 f.
[105] Vgl. Miller, M. / Modigliani, F. (1958), S. 270 f.
[106] Myers, S. (1984), S. 575.
[107] Vgl. Miller, M. / Modigliani, F. (1958), S. 271.

menhang identisch ist mit den Grundüberlegungen des Leverage-Effekts[108], so wird die Steigerungsmöglichkeit der EK-Rendite bei Modigliani und Miller nicht als vorteilhaft, sondern als irrelevant angesehen, da die höhere erwartete Rendite auch mit der Zunahme des Kapitalstrukturrisikos einhergeht und somit kompensiert wird.[109]

Modigliani und Miller haben in der Folge das Modell um realitätsnähere Annahmen erweitert. Insbesondere wurde der Fall untersucht, in welchem der Zinsaufwand für steuerliche Zwecke in Abzug gebracht werden kann. Durch diese Abzugsfähigkeit wird der Arbitrageprozess verhindert und der Wert eines Unternehmens resultiert nicht mehr aus der Diskontierung der erwarteten (Netto-)Erträge. Stattdessen muss hier auf den erwarteten Bruttoertrag vor Abzug der Steuern abgestellt werden.[110] Dies führt dazu, dass ein Unternehmen als optimale Kapitalstruktur einen Verschuldungsgrad von nahezu 100% wählen sollte – was natürlich in der Realität aufgrund diverser Restriktionen nicht möglich ist.[111]

Modigliani und Miller haben durch dieses Modell den Grundstein für die Kapitalstrukturforschung gelegt. Kritiker weisen jedoch auf die zum Teil realitätsfremden Prämissen hin. Den von Modigliani und Miller skizzierten Kapitalmarkt (keine Transaktionskosten, atomistische Konkurrenz, keine Informationsasymmetrien), welcher Voraussetzung dafür ist, dass ungerechtfertigte Preisunterschiede sofort durch Arbitrageprozesse ausgeglichen werden, gibt es in der Realität nicht.[112] Weiterhin ist zu bezweifeln, dass private Haushalte zum selben Zinssatz und in selber Höhe Kredite aufnehmen können wie Unternehmen. Auch die Annahme eines vom Verschuldungsgrad unabhängigen Zinssatzes muss in Frage gestellt werden. Die empirische Überprüfung der Thesen Modigliani und Millers scheint zudem unmöglich, da die Trennung von Geschäftsrisiko und Verschuldungsrisiko in der Praxis nicht möglich ist. Hier wird deutlich, dass das Konzept der leistungswirt-

---

[108] Vgl. Kapitel 2.3.1.
[109] Vgl. Swoboda, P. (1994), S. 100 ff.
[110] Vgl. Miller, M. / Modigliani, F. (1958), S. 272.
[111] Vgl. Perridon, L. et al. (2012), S. 540 f. Allerdings stellt Miller einschränkend fest, dass sich bei gleichzeitiger Betrachtung der Besteuerung auf der privaten Ebene der Investoren der Steuereffekt je nach Kombination des Steuersatzes auf Dividenden, Zinserträgen sowie dem Unternehmenssteuersatz abschwächen und sogar ins Negative drehen kann. Vgl. Miller, M. (1977), S. 267.
[112] Vgl. Wöhe, G. (2013), S. 620.

schaftlichen Risikoklassen nicht oder nur sehr eingeschränkt in die Praxis übertragen werden kann. [113] Ben-Shahar baute auf dem Modell von Modigliani und Miller auf, betrachtete jedoch auch den Fall, dass der Verschuldungszinssatz für Unternehmen nicht konstant ist, sondern ab einem gewissen Punkt mit zunehmender Verschuldung ansteigt. Bleibt hingegen der Zinssatz der Investoren für Kreditaufnahmen auf privater Ebene konstant, dann existieren ineffiziente Kapitalstrukturen. Nämlich genau dann, wenn der marginale Verschuldungszinssatz des Unternehmens den Kreditzinssatz der Investoren übersteigt. Somit schränkt Ben-Shahar die Unabhängigkeit der Kapitalstruktur auf die Kapitalkosten auf effiziente Kapitalstrukturen ein und zeigt auf, dass die Kapitalkosten bei ineffizienten Kapitalstrukturen ansteigen. [114] Auf Grundlage der Kritikpunkte an den Annahmen des Modigliani-Miller-Modells sind in der Folge verschiedene Theorien entwickelt worden, welche eine realitätsnähere Situation modellieren wollen.

Trade-Off-Theorie

Die Trade-Off-Theorie knüpft an dem um die Steuerkomponente erweiterten Modigliani-Miller-Modell an und entwickelt dieses weiter. [115] Neben dem Vorhandensein von Steuern werden zudem Insolvenzkosten als Marktunvollkommenheit berücksichtigt. [116] Die Frage nach einer optimalen Kapitalstruktur wird im Trade-Off-Modell als ein Abwägen zwischen Kosten und Nutzen der Verschuldung gesehen. Hierbei besteht der Nutzen der Verschuldung hauptsächlich in der steuerlichen Abzugsfähigkeit der Zinszahlungen (s.g. Tax-Shield). [117] Diesem stehen jedoch direkte und indirekte Insolvenzkosten gegenüber. [118] Hierbei werden die administrativen Kosten des Insolvenzverfahrens (Honorare für Notare, Rechtsanwälte, Kosten des Gerichts, etc.) als direkte Kosten bezeichnet. [119] Indirekte Kosten entstehen dadurch, dass die

---

[113] Vgl. Perridon, L. et al. (2012), S. 543 ff.
[114] Vgl. Ben-Shahar, H. (1968), S. 652.
[115] Vgl. Casey, C. (2012), S. 166.
[116] Vgl. Kraus, A. / Litzenberger, R. (1973), S. 918.
[117] Vgl. Reimund, C. et al. (2009), S. 93.
[118] Vgl. Myers, S. (1984), S. 577.
[119] Vgl. Kim, E. (1978), S. 47.

Handlungsfähigkeit des Unternehmens bei einer potentiellen Insolvenzgefahr stark eingeschränkt wird, beispielsweise durch die starke Bindung von Management-Kapazitäten oder die Gefahr, dass Kunden und Lieferanten von der Insolvenzgefahr erfahren und keine langfristigen Verträge mit dem betroffenen Unternehmen mehr eingehen.[120] Kim führt als weitere Kosten im Insolvenzfall die Veräußerung der Vermögenswerte zu Zerschlagungspreisen unterhalb der Marktwerte sowie den Verlust von Steuerguthaben an. Auch wenn die Liquidation vermieden werden kann, hat das Unternehmen Restrukturierungskosten zu tragen.[121]

Abbildung 7 verdeutlicht den Zusammenhang zwischen Kosten und Nutzen der Verschuldung:

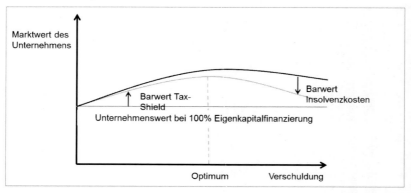

Quelle: Entnommen aus: Myers, S. (1984), S. 577.

Abb. 7: Trade-Off zwischen Kosten und Nutzen der Verschuldung

Es wird deutlich, dass bei einem niedrigen Verschuldungsgrad der Nutzen der zusätzlichen Verschuldung deutlich überwiegt. Durch die Aufnahme von zusätzlichem Fremdkapital steigt die Insolvenzgefahr zunächst nur moderat an. Ist das Unternehmen jedoch bereits stark verschuldet, erhöht sich das Insolvenzrisiko überproportional und der positive Steuereffekt wird überkompensiert. In der Konsequenz steigen die durchschnittlichen Kapitalkosten an.[122]

---

[120] Vgl. Miller, M. (1977), S. 263.
[121] Vgl. Kim, E. (1978), S. 47 f.
[122] Vgl. Baxter, N. (1967), S. 402.

Daraus abgeleitet besagt die Trade-Off-Theorie, dass jedes Unternehmen einen optimalen Verschuldungsgrad hat, bei welchem die Kapitalkosten minimal sind. Ziel eines Unternehmens sollte es nun sein, diesen Ziel-Verschuldungsgrad zu erreichen.[123] Allerdings können Unternehmen zufällige Ereignisse, welche sie vom Optimum entfernen, nicht sofort korrigieren. Weiterhin ist die Anpassung der derzeitigen Verschuldung an den Ziel-Verschuldungsgrad mit Anpassungskosten verbunden.[124]

Aus den o.g. Überlegungen können nun verschiedene Thesen abgeleitet werden. So gehen die Befürworter der Trade-Off-Theorie grundsätzlich von einem positiven Zusammenhang zwischen der Verschuldung und der Profitabilität aus. Myers erklärt dies durch die Tatsache, dass bei Unternehmen mit höheren Gewinnen der Vorteil des Tax-Shields eine größere Bedeutung hat und ausreichend Cashflow zur Erbringung des Kapitaldienstes vorhanden ist.[125] Weiterhin bedingen sich das im Geschäftsmodell des Unternehmens begründete Risiko sowie der Verschuldungsgrad negativ, da ein Anstieg des Risikos gleichbedeutend mit einer Erhöhung der Insolvenzwahrscheinlichkeit ist und folglich den Insolvenzkosten im Vergleich zum Tax-Shield eine größere Bedeutung zukommt.[126] Schließlich hat auch die Art der Vermögensgegenstände Auswirkungen auf den optimalen Verschuldungsgrad. Insbesondere immaterielle Gegenstände und speziell auf das Unternehmen zugeschnittene, nicht marktfähige Assets verlieren im Falle finanzieller Schwierigkeiten besonders an Wert. Auch Unternehmen mit guten Wachstumsaussichten werden ceteris paribus versuchen, eine hohe Verschuldung zu vermeiden, da die negativen Konsequenzen einer Insolvenz bei ihnen besonders groß wären.[127]

Neben dem Tax-Shield wird im Zuge der Trade-Off-Theorie als weiterer Vorteil der Verschuldung in der Literatur die Vermeidung von Agency-Kosten

---

[123] Vgl. Casey, C. (2012), S. 163 f.
[124] Vgl. Myers, S. (1984), S. 577.
[125] Vgl. Myers, S. (1989), S. 84. Auf die Differenzierung zwischen Gewinn und Cashflow soll an dieser Stelle nicht näher eingegangen werden. Allerdings gilt die Aussage, dass Unternehmen mit höheren Gewinnen im Vergleich zu Unternehmen mit niedrigeren Gewinnen mehr Cashflow zur Erbringung des Kapitaldienstes zur Verfügung haben nur dann, wenn der Anteil der nicht cash-wirksamen Erträge und Aufwendungen sowie die Investitionen in Working-Capital und Anlagevermögen identisch sind.
[126] Vgl. Myers, S. (1984), S. 581.
[127] Vgl. Myers, S. (1984), S. 581.

des Eigenkapitals gesehen. Durch die hier vorgenommene Einteilung der Modelle in traditionelle, neo-klassische und neoinstitutionalistische Kapitalstrukturmodelle müsste die auf Jensen und Meckling zurückzuführende Erweiterung der Trade-Off-Theorie um die Principal-Agent-Thematik streng genommen unter Kapitel 3.2.3 eingeordnet werden. Da die disziplinierende Wirkung der Verschuldung auf das Management in der Literatur meist im Zusammenhang mit der Trade-Off-Theorie aufgeführt wird[128], sollen die Grundgedanken an dieser Stelle skizziert werden.

Beim Auseinanderfallen zwischen Eigentum und Führung entstehen Interessenkonflikte zwischen den Managern sowie den nicht mit der Führung betrauten Anteilseignern. Um sicherzustellen, dass das Management im Sinne der Eigentümer agiert, müssen hierfür Kontroll- und Überwachungsmaßnahmen implementiert werden, welche jedoch mit Kosten verbunden sind. Diese werden als Agency-Kosten bezeichnet.[129] Im Kontext der Trade-Off-Theorie wird nun die disziplinierende Wirkung der Verschuldung in den Vordergrund gestellt. Mit steigender Verschuldung nimmt der Anteil des freien Cashflows, über deren Verwendung das Management frei entscheiden kann, ab. Somit ist aus Sicht der Eigentümer sichergestellt, dass dieser nicht für unrentable Investitionsprojekte oder verschwenderische Ausgaben verwendet wird.[130] Empirische Studien haben gezeigt, dass die Trade-Off-Theorie einen sehr niedrigen Bestimmtheitsgrad aufweist.[131] Gemäß Myers könnte dies durch hohe Anpassungskosten erklärt werden. Werden diese jedoch verneint, muss auf eine alternative Kapitalstrukturtheorie zurückgegriffen werden.[132]

---

[128] So z.B. bei Frank, M. / Goyal, V. (2009), S. 5 f. oder Reimund, C. et al. (2009), S. 93.
[129] Vgl. Jensen, M. / Meckling, W. (1976), S. 10 ff.
[130] Vgl. Jensen, M. (1986), S. 324. Jensen argumentiert, dass Zinszahlungen als Substitut für Dividenden angesehen werden können. Während die Dividendenpolitik entgegen den Versprechungen des Managements jedoch kurzfristig geändert werden kann, sind die Zinszahlungen vertraglich fixiert. Somit stellen diese ein belastbareres Versprechen des Managements dar, künftige Cashflows an externe „auszuschütten".
[131] Vgl. hierzu auch Kapitel 3.5.
[132] Vgl. Myers, S. (1984), S. 589 f.

3.2.3 NEOINSTITUTIONALISTISCHE KAPITALSTRUKTURTHEORIE

Pecking-Order-Theorie

Die auf Myers und Majluf zurückgehende Pecking-Order-Theorie fußt auf der Annahme von Informationsasymmetrien zwischen Management und externen Kapitalgebern.[133] Im Gegensatz zur Trade-Off-Theorie gibt es hier keine optimale Verschuldungsrelation.[134] Vielmehr postuliert die Pecking-Order-Theorie eine Rangfolge („Hackordnung"), in welcher verschiedene Finanzierungsquellen Verwendung finden sollten. Dabei wird zunächst auf interne Quellen (Thesaurierung von Gewinnen) und erst dann auf externe Finanzierungsquellen zurückgegriffen. Bei den externen Quellen wiederum ist die Aufnahme von Fremdkapital der Emission neuer Aktien vorzuziehen.[135] Die Präferenz zu internen Quellen wird dadurch begründet, dass die Nutzung externer Finanzierungsquellen mit hohen Kosten verbunden ist. Neben administrativen Kosten oder Gebühren für das Underwriting können diese insbesondere darin bestehen, dass die neuen Aktien mit einem Abschlag zum fairen Preis emittiert werden müssen.[136]

Myers und Majluf beschreiben, wie asymmetrische Informationen dazu führen können, dass Investitionen nicht getätigt werden, obwohl diese einen positiven Net Present Value (NPV) aufweisen. Nach Modigliani-Miller müsste ein Unternehmen ein Projekt durchführen, das einen positiven NPV aufweist, egal ob es zur Finanzierung auf interne oder externe Finanzierungsquellen zurückgreifen muss.[137] Wenn nun das Management Insiderinformationen hat und jedes Projekt durchführt, das nach dessen Wissen einen positiven NPV aufweist, existiert für die Aktien im Durchschnitt ebenfalls ein fairer Preis. Externe Kapitalgeber, welche die Insiderinformationen nicht kennen, werden jedoch einen Abschlag auf den Preis der neuen Aktien verlangen.[138] Handelt das Management nun im Sinne der Altaktionäre (was sehr wahrscheinlich ist, weil auch das Management in der Regel nicht bei jeder Neuemission Aktien

---

[133] Vgl. Myers, S. / Majluf, N. (1984), S. 187 ff.
[134] Vgl. Myers, S. (1984), S. 581.
[135] Vgl. Copeland, T. et al. (2008), S. 747.
[136] Vgl. Myers, S. (1984), S. 582 ff.
[137] Vgl. Myers, S. / Majluf, N. (1984), S. 187.
[138] Vgl. Baker, M. / Wurgler, J. (2002), S. 26.

zeichnet[139]), wird die Investition trotz positivem NPV unterlassen. Die Emission von neuen Aktien zu einem unterbewerteten Preis würde den positiven NPV für die Altaktionäre überkompensieren. Die Folge, keine neuen Aktien auszugeben und somit die rentable Investition nicht umzusetzen, führt zu einer ineffizienten Allokation des Kapitals. Der Unternehmenswert wird folglich reduziert.[140]

Eine Lösung des Problems könnte die Überwindung der Informationsasymmetrien sein, indem der Markt rechtzeitig mit Insiderinformationen versorgt wird. Somit würden auch die neuen Aktionäre die Vorteilhaftigkeit der Investition sowie die Steigerung des Unternehmenswertes erkennen und folglich die Aktien zu einem fairen Preis zeichnen. Allerdings müssen nun die Kosten der Informationsveröffentlichung berücksichtigt werden. Da es ausreichend detaillierter Informationen bedarf, um den Markt von der Vorteilhaftigkeit der Investitionsmöglichkeit zu überzeugen, führt die Veröffentlichung dieser Informationen aller Voraussicht nach zu einem Wertverlust der bestehenden Assets und / oder zu einer Reduktion des erwarteten NPV, da auch Wettbewerber des Unternehmens Zugang zu den Informationen erhalten. Aber auch dann, wenn die Vertraulichkeit der Information kein Problem darstellt, ist die Information der Investoren zeit- und kostspielig.[141] Sofern die Investoren die Informationen nicht erhalten, können sie sich keine fundierte Meinung über die Qualität der Aktien machen und werden in der Folge, wie bereits zuvor ausgeführt, einen Preisabschlag verlangen.[142]

Unternehmen können diesem Konflikt auch dadurch entgehen, indem sie eine Kriegskasse („Financial Slack") in Form von liquiden Mitteln aus der Gewinnthesaurierung oder abrufbaren Kreditlinien halten, um im Falle einer positiven Investitionsgelegenheit nicht auf die Emission neuer Aktien angewiesen zu sein. Der Aufbau einer Kriegskasse über die Emission von Aktien ist hingegen problematisch, wenn der Markt weiß, dass das Unternehmen keine liquiden Mittel für Investitionen benötigt und potentielle Investoren dies

---

[139] Vgl. Myers, S. / Majluf, N. (1984), S. 213.
[140] Vgl. Myers, S. / Majluf, N. (1984), S. 188.
[141] Vgl. Myers, S. / Majluf, N. (1984), S. 195 f.
[142] Vgl. Myers, S. / Majluf, N. (1984), S. 196.

als pessimistisches Signal interpretieren.[143] Eine Kriegskasse ist für das Unternehmen hingegen nicht nötig, wenn es gelingt, die Altaktionäre davon zu überzeugen, neue Aktien zu zeichnen und somit kein Zielkonflikt zwischen Alt- und Neuaktionären entsteht.[144] Nun ist noch zu klären, warum die Aufnahme von Fremdkapital in der Rangfolge der Emission von neuen Aktien vorzuziehen ist. Zielsetzung ist es hier, zunächst die Instrumente zu verwenden, deren Preis sich nach der Bekanntgabe der Insiderinformation (positive Ertragsaussichten) am wenigsten ändert.[145] Würde nun bereits vor der Bekanntgabe Eigenkapital aufgenommen werden, so wäre der Emissionspreis unter dem fairen Preis, der nach Berücksichtigung der neuen positiven Ertragsaussichten zu erzielen wäre. Genau anders herum sieht es aus, wenn das Management unvorteilhafte Informationen hat, welche der Markt bislang noch nicht kennt. Rechnet das Management nach Bekanntwerden der Informationen mit einem Absinken des Aktienkurses, könnte es durchaus sinnvoll sein, neue Aktien zu emittieren. Problematisch ist diese Strategie jedoch, da die Kapitalmärkte zukünftig die Emission von Aktien als Warnsignal ansehen werden.[146]

Selbst Myers als einer der Begründer der Theorie schränkt jedoch ein, dass die Pecking-Order-Theorie in der Praxis nicht vollkommen korrekt sein kann. Dies zeige sich beispielsweise immer dann, wenn Unternehmen eine Kapitalerhöhung durchführen, auch wenn sie alternativ Fremdkapital durch Investment-Grade geratete Fremdkapitalinstrumente aufnehmen könnten.[147]

Market-Timing-Theorie

Bei der Market-Timing-Theorie werden Finanzierungsentscheidungen der Unternehmen in einem irrationalen Marktumfeld untersucht. Sie kann somit in den Kontext der Behavioral Finance gesetzt werden.[148] Zwar wurde dieser Ansatz bereits 1984 von Myers aufgeführt, findet jedoch erst in jüngster Zeit

---

[143] Vgl. Myers, S. / Majluf, N. (1984), S. 195.
[144] Vgl. Myers, S. / Majluf, N. (1984), S. 194 f.
[145] Vgl. Myers, S. (1984), S. 584.
[146] Vgl. Myers, S. (1984), S. 584.
[147] Vgl. Myers, S. (1989), S. 87.
[148] Vgl. Sautner, Z. / Spranger, J. (2009), S. 245.

gesteigerte Beachtung.[149] Meist wird die Market-Timing-Theorie auf Baker
und Wurgler zurückgeführt.[150] Diese fassen den Market-Timing-Ansatz in
folgendem Zitat prägnant zusammen: „… capital structure is the cumulative
outcome of attempts to time the equity market."[151] Unter dem Equity-Market-
Timing verstehen sie das bewusste Ausnutzen von irrationalen Marktbewe-
gungen durch das Management, indem in Phasen überbewerteter Aktienmärkte Aktien emittiert und in Phasen unterbewerteter Aktienmärkte Aktien
zurückgekauft werden.[152] Etwas weiter formuliert, betrachten Manager bei
Finanzierungsentscheidungen damit sowohl die Fremd- als auch die Eigen-
kapitalmärkte und entscheiden sich bei Finanzierungsanlässen für den derzeit attraktiveren Markt.[153] Hierbei ist es gar keine notwendige Voraussetzung, dass der Markt tatsächlich irrational ist. Es genügt bereits, dass die
Manager vermuten, der Markt sei irrational und daher versuchen, Market-
Timing zu betreiben.[154]

Somit stellt die Market-Timing-Theorie einen alternativen Erklärungsansatz
zu den Beobachtungen von Marsh und Taggart[155] vor, dass Unternehmen in
Zeiten von historisch hohen Markt- zu Buch-Werten dazu tendieren, Aktien
zu emittieren. Die Pecking-Order-Theorie würde dies durch im Zeitablauf
unterschiedlich starke Informationsasymmetrien erklären, während die Market-Timing-Theorie auf irrationale Investoren und zumindest der Annahme
des Managements, dass die Märkte irrational sind, abstellt.[156] Baker und
Wurgler lieferten zeitgleich mit der Entwicklung der Market-Timing-Theorie
den empirischen Beweis auf dem US-amerikanischen Markt.[157] Derzeit wird
in der Literatur diskutiert, ob das Market-Timing-Modell auch auf andere

---

[149] Vgl. Frank, M. / Goyal, V. (2009), S. 6 f. Auch Marsh kam in seiner empirischen Untersuchung aus dem
    Jahr 1982 zu der Erkenntnis, dass die Unternehmen bei der Entscheidung, Eigen- oder Fremdkapital
    zu emittieren, stark von den Marktgegebenheiten beeinflusst werden. Vgl. Marsh, P. (1982), S. 142.
[150] Vgl. Sautner, Z. / Spranger, J. (2009), S. 245 f.
[151] Baker, M. / Wurgler, J. (2002), S. 3.
[152] Vgl. Baker, M. / Wurgler, J. (2002), S. 3.
[153] Vgl. Frank, M. / Goyal, V. (2009, S. 6 f.
[154] Vgl. Baker, M. / Wurgler, J. (2002), S. 28.
[155] Vgl. Marsh, P. (1982), S. 142; Taggart Jr, R. (1977), S. 1484.
[156] Vgl. Baker, M. / Wurgler, J. (2002), S. 27 f.
[157] Vgl. Baker, M. / Wurgler, J. (2002), S. 29.

Volkswirtschaften übertragen werden kann, bei denen der Anteilsbesitz weniger stark gestreut ist als in den USA.[158]

3.3 KOMPARATIVER VERGLEICH DER THEORIEN

Mit den dargestellten Kapitalstrukturtheorien wurden im Laufe der letzten Jahrzehnte eine Vielzahl an Modellen entwickelt, welche die Frage nach einer optimalen Kapitalstruktur beantworten wollen.[159] Während in der ersten Hälfte des 19. Jahrhunderts Ansätze verfolgt wurden, die klar das Vorhandensein eines optimalen Verschuldungsgrades postulierten, stellte der neoklassische Ansatz von Modigliani und Miller 1958 eine Kehrtwende dar. Unter idealen Kapitalmarktbedingungen zeigten sie die Irrelevanz der Kapitalstruktur auf.[160] Durch die Aufnahme von Marktunvollkommenheiten wie Steuern, Transaktions- und Insolvenzkosten entwickelten sich in der Folge weitere Modelle.[161] Dabei stellt die Trade-Off-Theorie den Konflikt zwischen der steuerlichen Vorteilhaftigkeit der Verschuldung sowie der Erhöhung der Insolvenzkosten in den Vordergrund.[162] In der Pecking-Order-Theorie als neoinstitutionalistisches Modell werden Steuervorteile und Insolvenzkosten als zweitrangig angesehen.[163] Stattdessen stellt diese auf Informationsasymmetrien zwischen Management und Eigentümern ab und gibt eine Rangordnung bzgl. der Nutzung von Finanzierungsquellen vor.[164] Die Market-Timing-Theorie wiederum unterstellt, dass das Management von irrationalen Märkten ausgeht und die Über- und Unterbewertungen durch aktives Timing der Finanzierungsentscheidungen ausnutzt.[165] Die Kernaussagen der einzelnen Theorien fasst Tabelle 9 in komprimierter Form zusammen.

---

[158] Vgl. Sautner, Z. / Spranger, J. (2009), S. 246. Sautner und Spranger konnten anhand der DAX- und Euro Stoxx 50- Unternehmen im Zeitraum von 1980-2003 einen solchen Zusammenhang nicht nachweisen. Vgl. Sautner, Z. / Spranger, J. (2009), S. 274. Eine neuere Studie zum US-Markt von Baxamusa im Zeitraum 1993-2006 konnte die Beobachtungen von Baker und Wurgler ebenfalls nicht bestätigen. Vgl. Baxamusa, M. (2011), S. 237.

[159] Für einen detaillierten Überblick über verschiedene Kapitalstrukturtheorien vgl. Frydenberg, S. (2004), Harris, M. / Raviv, A. (1991) sowie Schauten, M. / Spronk, J. (2006).

[160] Vgl. Harris, M. / Raviv, A. (1991), S. 297.

[161] Vgl. Baker, M. / Wurgler, J. (2002), S. 25.

[162] Vgl. Ross, S. (1977), S. 24.

[163] Vgl. Myers, S. (1989), S. 85.

[164] Vgl. Harris, M. / Raviv, A. (1991), S. 306; Myers, S. / Majluf, N. (1984), S. 189 ff.

[165] Vgl. Baker, M. / Wurgler, J. (2002), S. 1 ff.

Tab. 9: Zusammenfassung ausgewählter Kapitalstrukturtheorien

Theorie	Annahmen	Aussagen / Handlungsempfehlungen
Traditionelle	verschuldungsgradabhängiger FK-Zinssatz sowie Renditeforderung der EK-Geber	optimaler Verschuldungsgrad in Abhängigkeit von den Risikosensitivitäten der Kapitalgeber
Modigliani-Miller (ursprünglich)	idealistischer Kapitalmarkt (volle Transparenz, keine Steuern, Transaktionskosten, Insolvenzkosten), verschuldungsgradunabhängiger Zinssatz, Einteilung der Unternehmen in leistungswirtschaftliche Risikoklassen	Irrelevanz der Kapitalstruktur; linear ansteigende EK-Rendite bei zunehmender Verschuldung; Unternehmenswert entspricht der Abzinsung der erwarteten Erträge mit der Konstante Preis / Gewinneinheit der jeweiligen Risikoklasse
Modigliani-Miller (erweitert)	wie oben; allerdings Beachtung steuerlicher Abzugsfähigkeit des Fremdkapitals	Unternehmenswert wird durch Diskontierung des Bruttoertrags vor Steuern errechnet; theoretische optimale Verschuldung bei 100%
Trade-Off	Berücksichtigung steuerliche Abzugsfähigkeit, Insolvenzkosten sowie Agency-Kosten des Eigenkapitals	Unternehmen haben einen Ziel-Verschuldungsgrad; optimale Kapitalstruktur durch Abwägen zwischen Vor- und Nachteilen der Verschuldung
Pecking-Order	Informationsasymmetrien zwischen Management und Eigentümern	Unternehmen bevorzugen interne Finanzierungsquellen; werden externe benötigt, wird zunächst auf FK zurückgegriffen, erst zuletzt Emission von EK
Market-Timing	irrationale Investoren und / oder Manager	Unternehmen versuchen durch aktives Ausnutzen von irrationalen Preisschwankungen des EK- und FK-Marktes die Kapitalkosten zu minimieren

Auch wenn sich Aspekte der verschiedenen Theorien durchaus kombinieren lassen[166], so wiedersprechen sich einige Theorien in elementaren Punkten: Während die Trade-Off-Theorie von einem grundsätzlich positiven Effekt der Verschuldung ausgeht, empfiehlt die Pecking-Order-Theorie Verschuldung als externe Finanzierungsquelle nach Möglichkeit zu meiden.[167] Ebenfalls ist

---

[166] Ein Beispiel hierfür ist der von Myers aufgeworfene Ansatz einer „modifizierten Pecking-Order- Theorie", welche sowohl Insolvenzkosten als auch asymmetrische Informationen berücksichtigt. Vgl. Myers, S. (1984), S. 589 f.

[167] Vgl. Myers, S. / Majluf, N. (1984), S. 219 f.; Myers, S. (1989). S. 81 ff.

die Empfehlung der Market-Timing-Theorie, bei Überbewertungen Aktien zu emittieren, konträr zur Trade-Off-Theorie, da der Anstieg des Aktienpreises einhergeht mit einer Zunahme des Unternehmenswertes. Um weiterhin die Ziel-Verschuldungsquote zu erreichen, müsste nach der Trade-Off-Theorie daher Fremd- und nicht Eigenkapital emittiert werden.[168]

3.4 IMPLIKATIONEN AUF DIE PRAXIS DER UNTERNEHMENS-FINANZIERUNG

Wie Kapitel 3.2 gezeigt hat, stehen Unternehmen bei der Wahl der optimalen Kapitalstruktur eine Vielzahl an verschiedenen Modellen zur Verfügung. Allerdings ist die Umsetzung dieser in die Praxis schwierig. Copeland et al. bezeichnen die Frage der praktischen Umsetzung der Kapitalstrukturtheorien gar als „Heiligen Gral der Unternehmensfinanzierung".[169] Somit muss jedes Unternehmen für sich selbst entscheiden, wie die Ziele einer optimalen Kapitalstruktur erreicht werden können. Dies gilt es im Rahmen der strategischen Kapitalstrukturpolitik festzulegen und im Zielsystem zu verankern.[170] Diese kann sich dabei an folgenden Ansätzen orientieren:

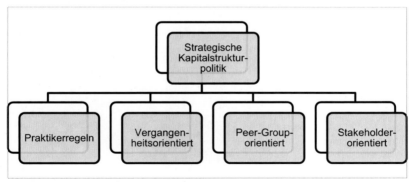

Abb. 8: Ansätze für die Kapitalstrukturpolitik in der betrieblichen Praxis

---

[168] Vgl. Baker, M. / Wurgler, J. (2002), S. 27 f.; Myers, S. (1984), S. 586.
[169] Copeland, T. et al. (2008), S. 761.
[170] Vgl. Arbeitskreis „Finanzierung" der Schmalenbach-Gesellschaft für Betriebswirtschaft e.V. (2009), S. 326 ff.

Bereits 1962 hat sich Donaldson mit der Frage auseinandergesetzt, nach welchen Regeln Unternehmen ihre Finanzierungsentscheidungen treffen. Hierbei stellte er fest, dass ein Großteil der Unternehmen Finanzierungsregeln folgt, welche als „anerkannte Praxis" bezeichnet werden können.[171] Dabei ist zu beachten, dass eine theoretische Verifizierung dieser fehlt.[172] Die wohl bekannteste dieser Regeln ist die goldene Finanzierungsregel.[173] Sie besagt, dass langfristiges Vermögen auch langfristig zu finanzieren ist. Problematisch ist dabei die Zuordnung von Finanzierungsquelle und dem jeweiligen Aktivposten.[174] Man denke dabei z.B. an die Aufnahme einer Anleihe, deren Mittel der Finanzierung des betrieblichen Finanzbedarfs dienen. Somit muss man sich auf einen pauschalierten Ansatz der Fristenkongruenz zurückziehen, indem Vermögensgegenstände und Kapital in Summe betrachtet werden.[175] In der Praxis geschieht dies in Form der Goldenen Bilanzregel, welche in ihrer engen Auslegung besagt, dass das Anlagevermögen durch das Eigenkapital und das langfristige Fremdkapital gedeckt sein muss. In der weiteren Form sind auch langfristig gebundene Teile des Umlaufvermögens (Working Capital) über Eigenkapital bzw. langfristiges Fremdkapital zu finanzieren.[176] Somit stellt die Goldene Finanzierungsregel sowie die daraus abgeleitete Goldene Bilanzregel eine Kennzahl der horizontalen Kapitalstrukturkennzahlen[177] dar. Ihr Ziel ist es, die Liquidität im Unternehmen zu sichern. Trotz der großen Beachtung der Goldenen Finanzierungsregel bleibt zu kritisieren, dass lediglich die Fristigkeit von Bilanzpositionen verglichen wird und Auszahlungen aus dem betrieblichen Prozess (z.B. Lohnzahlungen) unberücksichtigt bleiben. Durch die Zuordnung der Aktiva in Anlage- und Umlaufvermögen sowie der Passiva in kurz- und langfristig, ist der Zeitpunkt der daraus entstehenden Ein- und Auszahlungen zudem sehr unpräzise.[178] Neben der Goldenen Bilanzregel sind es häufig weitere horizontale

---

[171] Vgl. Donaldson, G. (1962), S. 119.
[172] Vgl. Dinauer, J. / Zantow, R. (2011), S. 521.
[173] Weil sie ursprünglich von Banken entwickelt wurde, wird sie häufig auch „Goldene Bankregel" genannt. Vgl. Wöhe, G. (2013), S. 607.
[174] Vgl. Perridon, L. et al. (2012), S. 601.
[175] Vgl. Wöhe, G. (2013), S. 607 f.
[176] Vgl. Perridon, L. et al. (2012), S. 602.
[177] Vgl. hierzu auch Kapitel 2.1.4.
[178] Vgl. Dinauer, J. / Zantow, R. (2011), S. 521 f.

Kapitalstrukturkennzahlen wie verschiedene Liquiditätsgrade, welche in der Praxis Anwendung finden.[179] Neben diesen Daumenregeln, findet in der Finanzierungspraxis häufig die Orientierung an historischen Finanzierungsentscheidungen statt. Die Logik, die sich dahinter verbirgt, ist die Annahme, dass die Finanzierungspolitik der Vergangenheit nicht so schlecht gewesen sein kann, wenn man bis heute keine ernsthaften Liquiditätsprobleme hatte und das Unternehmen in solider Verfassung ist.[180] Allerdings werden bei einer solchen Herangehensweise Veränderungen im Unternehmen selbst sowie der Umwelteinflüsse ignoriert. Weit verbreitet ist weiterhin die Fokussierung auf die direkten Wettbewerber in der Branche. Für diesen Ansatz spricht, dass die Kapitalmärkte bei der Beurteilung der finanziellen Stärke eines Unternehmens einen Abgleich zu dessen Wettbewerbern vornehmen.[181] Allerdings ist dabei die Abgrenzung verschiedener Branchen schwierig und auch innerhalb einer Branche sind die Unternehmen heterogen.

Ein umfassenderer Ansatz zur Entwicklung einer Kapitalstrukturpolitik ist hingegen die Orientierung an den Bedürfnissen der verschiedenen Interessengruppen (Stakeholder) des Unternehmens. Hierbei sind im Hinblick auf die Kapitalstrukturpolitik vor allem die Eigen- und Fremdkapitalgeber zu nennen. Um sicherzustellen, dass das Unternehmen über ausreichende finanzielle Flexibilität verfügt, sollten daher die Interessen dieser berücksichtigt werden.[182]

Neben den Interessen der Eigenkapitalgeber selbst spielen weiterhin die Anforderungen von Aktienanalysten als Interessenvertreter eine wesentliche Rolle.[183] Eine mehrheitlich positive Einschätzung hinsichtlich der Ertragsaussichten des Unternehmens in Form einer Kaufempfehlung ist eine gute Grundlage für die Erhöhung des Eigenkapitals durch die Emission neuer

---

[179] Vgl. Perridon, L. et al. (2012), S. 603 ff.
[180] Vgl. Donaldson, G. (1962), S. 119.
[181] Vgl. Donaldson, G. (1962), S. 119.
[182] In der Untersuchung des Arbeitskreis „Finanzierung" der Schmalenbach-Gesellschaft für Betriebswirtschaft e.V. unter 44 börsennotierten Unternehmen in Deutschland gaben die Unternehmen an, dass bei der Festlegung des Financial Leverage dem Erhalt der finanziellen Flexibilität eine größere Gewichtung eingeräumt wird, als der Ausnutzung des Leverage-Effekts zur Wertsteigerung. Vgl. Arbeitskreis „Finanzierung" der Schmalenbach-Gesellschaft für Betriebswirtschaft e.V. (2009), S. 333 f.
[183] Vgl. Arbeitskreis „Finanzierung" der Schmalenbach-Gesellschaft für Betriebswirtschaft e.V. (2009), S. 326.

Aktien. Primäres Interesse der Eigenkapitalgeber ist die Steigerung des Unternehmenswertes. Daher ist bei einer Vielzahl der Unternehmen eine wertorientierte Kennzahl – meist in Form des EVA – im Zielsystem implementiert.[184] Betrachtet man die Interessen der Fremdkapitalgeber, so haben für diese wie in Kapitel 2.1.3 erörtert die Sicherheit der vertraglichen Zins- und Tilgungsleistungen oberste Priorität. Gemessen wird das Risiko eines Zahlungsausfalles je nach Kreditgebergruppe im Rahmen von internen oder externen Ratings. Diese wiederum haben Einfluss darauf, ob das Unternehmen weitere Kredite erhält und zu welchem Preis Fremdkapital aufgenommen werden kann.

Interne Ratings werden im Rahmen des Kreditentscheidungsprozesses bei Banken eingesetzt. Das Ergebnis dieses Ratingprozesses bestimmt dabei die Höhe der aufsichtsrechtlich geforderten Eigenkapitalhinterlegungspflicht und ist zeitgleich Grundlage für die bonitätsabhängige Preisfindung des Kredits.[185]

Um Investoren einen Anhaltspunkt für die Bonität geben zu können, sind Unternehmen, welche Anleihen platzieren möchten, faktisch gezwungen, sich durch eine der externen Rating-Agenturen[186] beurteilen zu lassen. Aus dieser Einschätzung resultiert der vom Markt geforderte Aufschlag auf einen risikolosen Referenzzinssatz und somit die Höhe des Kupons, den das emittierende Unternehmen zu zahlen hat.[187]

---

[184] In o.g. Untersuchung des Arbeitskreises „Finanzierung" der Schmalenbach-Gesellschaft für Betriebswirtschaft e.V. gaben 70,5% der befragten Unternehmen an, den Shareholder-Value-Gedanken über eine wertorientierte Kennzahl zu steuern. Vgl. Arbeitskries „Finanzierung" der Schmalenbach-Gesellschaft für Betriebswirtschaft e.V. (2009), S. 333.

[185] Vgl. Opitz, P. (2008), S. 334.; Schneck, O. (2008), S. 21 ff.

[186] Hierbei sind im Bereich von Unternehmensanleihen insbesondere die beiden US-amerikanischen Ratingagenturen Standard & Poor's sowie Moody's zu nennen, welche zusammen auf einen Marktanteil von > 80% kommen. Vgl. Krämer, L. (2008), S. 343.

[187] Vgl. Krämer, L. (2008), S. 342 ff.

Interne und externe Ratings haben gemeinsam, dass sie sich aus qualitativen und quantitativen Komponenten zusammensetzen. Hierbei spielen im quantitativen Bereich Kapitalstrukturkennzahlen eine große Rolle.[188] Dabei sind die geforderten Mindestanforderungen einer Ratingklasse branchenspezifisch.[189] So müssen beispielsweise in der Methodik von Moody's Automobilzulieferer, welche ein Rating im Investment-Grade Bereich anstreben, einen dynamischen Verschuldungsgrad (Verschuldung / EBITDA) von kleiner 2,5 aufweisen.[190] Gerade für Unternehmen, welche regelmäßig Anleihen begeben, ist es somit ratsam, kapitalstrukturpolitische Maßnahmen zu ergreifen, um die Ratingergebnisse zu optimieren.[191]

Neben den Einflüssen auf das Rating müssen die Unternehmen zudem in der Finanzierungspraxis auf das Einhalten der ggf. mit den Kreditgebern vereinbarten Financial-Covenants achten, da ein Bruch dieser die Kreditgeber im Regelfall zu einer Kündigung berechtigt.[192]

---

[188] Vgl. Holt, B. (2008), S. 93 f.; Richter, M. (2008), S. 53 ff.

[189] Die externen Rating-Agenturen veröffentlichen dabei branchenspezifische Informationen über deren Vorgehensweise bei der Festsetzung der Rating-Note („Rating-Methodology"). Diese sind zum überwiegenden Teil jedoch nur für registrierte und bezahlende Nutzer zugänglich.

[190] Vgl. Moody's Investors Service (2013), S. 15. Hinweis: Dokument ist nur nach vorheriger Registrierung bei Moody's kostenlos verfügbar.

[191] Zur Entwicklung einer Ratingstrategie vgl. Gleißner, W. (2008), S. 408-424.

[192] Vgl. Perridon, L. et al. (2012), S. 426. Bei größeren Finanzierungen, vor allem in Form von syndizierten Krediten, sind Financials Covenants üblich. Die häufigsten Kennzahlen sind dabei der dynamische Verschuldungsgrad (Nettofinanzverbindlichkeiten / EBITDA), der Zinsdeckungsgrad (EBITDA / Nettozinsaufwand) sowie die Eigenkapitalquote oder das Gearing (Fremdkapital / Eigenkapital). Vgl. Jetter, Y. (2008), S. 205 f.

3.5 ERGEBNISSE EMPIRISCHER STUDIEN

Nachdem nun in den vorangegangenen Kapiteln zunächst die wichtigsten Kapitalstrukturtheorien aufgezeigt sowie der Blick auf die Praxis der Unternehmensfinanzierung gelegt wurde, soll nun dargestellt werden, zu welchen Erkenntnissen die empirische Forschung kommt. Seit dem bahnbrechenden Werk von Modigliani und Miller wurden zahlreiche empirische Studien zur Untersuchung der Kapitalstrukturtheorien durchgeführt. Deren Ziel ist es, diese Theorien zu überprüfen. Hierbei besteht jedoch die Schwierigkeit darin, dass einzelne Parameter nicht beobachtet werden können. Beispielsweise müsste zur Überprüfung der Trade-Off-Theorie die Zielverschuldungsquote der Unternehmen bekannt sein.[193] Da diese jedoch für Externe nicht ersichtlich ist, verwenden einige Studien den Ansatz, mittels einer Befragung der Entscheidungsträger zu klären, ob sich Unternehmen eine Zielverschuldungsquote vorgeben.[194]

Studien, welche ohne eine solche Befragung auskommen, sind in der Mehrheit so konzipiert, dass der Erklärungsgehalt verschiedener Faktoren auf die Kapitalstruktur analysiert wird. Ein Faktor, welcher dabei neben Unternehmensgröße, Wachstum oder Steuern meist betrachtet wurde, ist die Rentabilität.[195] Aufgrund der Zielsetzung dieser Ausarbeitung werden im Folgenden lediglich die Ergebnisse hinsichtlich des Zusammenhanges zwischen Kapitalstruktur und Rentabilität präsentiert. Andere Studien wie beispielsweise von Fan, J. et al. aus 2012, welche die Auswirkung des Steuer- und Rechtssystems verschiedener Länder auf die Verschuldung analysieren, werden hingegen nicht näher betrachtet.[196]

Titman und Wessels kamen bereits 1988 in ihrer Studie anhand von ca. 450 US-amerikanischen Unternehmen zu dem Ergebnis, dass ein negativer Zusammenhang zwischen der vergangenen Rentabilität und der derzeitigen

---

[193] Vgl. Marsh, P. (1982), S. 123.

[194] So z.B. in der Studie des Arbeitskreises „Finanzierung" der Schmalenbach-Gesellschaft für Betriebswirtschaft e.V. unter den größten börsennotierten Unternehmen in Deutschland sowie von Graham und Harvey unter 392 CFOs von Unternehmen aus der ganzen Welt. Vgl. Arbeitskreis „Finanzierung" der Schmalenbach-Gesellschaft für Betriebswirtschaft e.V. (2009), S. 323-354; Graham, J. / Harvey, C. (2001), S. 187-243.

[195] Vgl. Frank, M. / Goyal, V. (2009), S. 7 ff.; Rajan, R. / Zingales, L. (1995), S. 1451 ff.

[196] Vgl. Fan, J. et al. (2012), S. 23 ff.

Verschuldung vorliegt.[197] Zahlreiche andere Studien bestätigten den negativen Zusammenhang zwischen der Verschuldung und der Rentabilität.[198] Hierbei sind insbesondere die Untersuchungen von Rajan und Zingales (1995), Chen und Hammes (2003) sowie Frank und Goyal (2009) zu nennen.[199] Alle haben gemeinsam, dass mittels eines Regressionsmodells der Einfluss verschiedener Faktoren auf den Verschuldungsgrad aufgezeigt wurde. Wald (1999) stellte darüber hinaus fest, dass dabei die Profitabilität den größten Effekt bei der Erklärung der Kapitalstruktur besitzt.[200] Rajan und Zingales zeigten jedoch auf, dass im Untersuchungszeitraum von 1987-1991 der negative Zusammenhang zwischen Verschuldung und Rentabilität abweichend zu den anderen G7-Staaten in Deutschland nicht bestätigt werden konnte.[201] Bei den neueren Studien zeigt sich ein diffuses Bild: Während Biger et al. 2011 unter ca. 250 US-Unternehmen der verarbeitenden Industrie und des Dienstleistungssektors zwischen 2005 und 2007 eine positive Korrelation zwischen der Verschuldung der Unternehmen und deren Rentabilität ermitteln,[202] zeigen Arnold et al. (2011) für die G7 Länder zwischen 1999 und 2009 einen konstant negativen Zusammenhang zwischen dem Verschuldungsgrad und der Rentabilität auf.[203]

Die nachfolgende Tabelle fasst die genannten Studien in kompakter Form zusammen:

---

[197] Vgl. Titman, S. / Wessels, R. (1988), S. 17.

[198] Während Titman und Wessels die derzeitige Finanzierungsstruktur mit der Profitabilität einiger Jahre in der Vergangenheit untersuchten und somit ein Zeitversatz zwischen der Verschuldungskennzahl und der Rentabilitätskennzahl liegt (vgl. Titman, S. / Wessels, R. (1988), S. 8 f.), wurden nachfolgend aufgeführte Studien ohne diesen zeitlichen Vorlauf der Rentabilität durchgeführt.

[199] Vgl. Chen, Y. / Hammes, K. (2003); Frank, M. / Goyal, V. (2009); Rajan, R. / Zingales, L. (1995).

[200] Vgl. Wald, J. (1999), S. 172.

[201] Vgl. Rajan, R. / Zingales, L. (1995), S. 1451 ff.

[202] Vgl. Biger, N. et al. (2011), S. 10 ff.

[203] Vgl. Arnold, S. et al. (2011), S. 454 ff. Hierbei zeigt sich zudem, dass dieser negative Zusammenhang im Krisenjahr 2008 an Stärke gewinnt.

Tab. 10:   Ergebnisse empirischer Studien

	Jahr	Land / Länder	Zeitraum	Ergebnis
Titman, S. / Wessels, R.	1988	USA	1974-1982	negativer Zusammenhang zwischen der historischen Rentabilität und der aktuellen Verschuldung
Rajan, R. / Zingales, L.	1995	G7 (USA, Japan, Deutschland, Frankreich, Italien, UK, Kanada)	1987-1991	negativer Zusammenhang zwischen Verschuldung und Rentabilität in den meisten Ländern, nicht jedoch in Deutschland
Wald, J.	1999	Frankreich, Deutschland, Japan, UK, USA	1991 oder 1992[204]	negativer Zusammenhang zwischen Rentabilität und Verschuldung; Rentabilität mit der größten Erklärungsgüte aller betrachteten Faktoren
Murray, Z. / Goyal, V	2009	USA	1950-2003	Unternehmen mit höherer Rentabilität tendieren zu niedrigerer Verschuldung
Biger, N. / Gill, A. / Mathur, N.	2011	USA	2005-2007	positiver Zusammenhang zwischen Verschuldung und Rentabilität
Arnold, S. / Lahmann, A. / Reinstädt, J.	2011	G7 (USA, Japan, Deutschland, Frankreich, Italien, UK, Kanada)	1999-2009	konstant negative Korrelation zwischen Rentabilität und Verschuldung; Verstärkung des negativen Effektes im Krisenjahr 2008

Somit dominieren empirische Untersuchungen, welche ein negatives Verhältnis zwischen Verschuldung und Rentabilität aufzeigen. Allerdings scheint dieses nicht konstant zu sein und stark vom betrachteten Zeitraum sowie dem jeweiligen Land abzuhängen. Daher soll nun im Folgenden untersucht werden, wie dieser Zusammenhang bei deutschen Unternehmen ausfällt.

---

[204] Betrachtet wurde lediglich 1 Geschäftsjahr pro Unternehmen. Dabei wurde auf das zuletzt verfügbare Jahr des WORLDSCOPE 1993 Datensatzes zurückgegriffen. Somit ist das betrachtete Jahr hauptsächlich davon abhängig, wann das entsprechende Unternehmen sein Geschäftsjahresende hat. Vgl. Wald, J. (1999), S. 162.

4 UNTERSUCHUNG ANHAND DEUTSCHER BLUE CHIPS UND MID CAPS

4.1 GANG DER UNTERSUCHUNG

4.1.1 GRUNDGESAMTHEIT UND DATENHERKUNFT

Nachfolgende Untersuchung soll anhand deutscher Blue Chips und Mid Caps erfolgen. Unter Blue Chip Unternehmen werden in Anlehnung an die blauen Chips im Kasino, welche den höchsten Wert aufweisen, die größten und bekanntesten Unternehmen einer Volkswirtschaft gesehen.[205] Analog wird auf Grund der Größe ihrer Marktkapitalisierung auch häufig von Large Caps gesprochen.[206] Die darauf folgenden etwas kleineren Unternehmen stellen dann die Mid Caps dar.[207] In Deutschland werden die Blue Chips durch den DAX repräsentiert, welcher die 30 an der Frankfurter Börse gelisteten Unternehmen mit der höchsten Marktkapitalisierung enthält. Die 50 auf den DAX folgenden Werte der klassischen Branchen sind dann im MDAX, die 30 Technologiewerte unterhalb des DAX im TecDAX vertreten.[208] Die Unternehmen der drei genannten Indizes werden zudem im HDAX zusammengefasst. Dieser wird seit 2003 von der Deutschen Börse berechnet und dessen 110 Unternehmen repräsentieren über 95% der Marktkapitalisierung in Deutschland.[209] Somit eignet sich dieser ideal als Abbild deutscher Blue Chips und Mid Caps. An dieser Stelle soll angemerkt werden, dass im Falle einer ganz engen Definition der Mid Cap Unternehmen evtl. einzelne Werte des TecDAX als zu klein angesehen und daher bereits in den Bereich

---

[205] Vgl. Investopedia (2014a).
[206] Vgl. Investopedia (2014b).
[207] Vgl. Investopedia (2014c). Als Richtwerte hinsichtlich der Einstufung als Blue Chip spricht Investopedia von einer Marktkapitalisierung von > 10 Mrd. USD (entspricht ca. 7,3 Mrd. EUR). Mid Caps werden hingegen in einer Bandbreite zwischen 2 und 10 Mrd. USD (entspricht ca. 1,5 – 7,3 Mrd. EUR) gesehen. Investopedia weist jedoch darauf hin, dass dies lediglich als grobe Richtschnur gesehen werden kann und die Einstufung unter Investoren stark abweicht.
[208] Vgl. Deutsche Börse AG (2013), S. 8.
[209] Vgl. Deutsche Börse AG (2009), S. 4.

der Small Caps eingestuft werden könnten.[210] Weiterhin müssen die im HDAX enthaltenen Unternehmen nicht zwangsläufig ihren Sitz in Deutschland haben. Vielmehr genügt es bereits, dass der Hauptteil des Handelsumsatzes über die Frankfurter Wertpapierbörse abgewickelt wird und das Unternehmen seinen Sitz in der Europäischen Union (EU) oder der Europäischen Freihandelszone (European Free Trade Association; EFTA) hat.[211] Diese Verzerrungen sind aus Sicht des Autors jedoch minimal und werden für die nachfolgende Untersuchung in Kauf genommen. Die 110 Unternehmen des HDAX werden anschließend um die 15 Finanzwerte bereinigt, da diese eine ganz spezifische Kapitalstruktur aufweisen.[212] Weiterhin wird das TecDAX-Unternehmen BB-Biotech eliminiert, da dessen Ertrags- und Kapitalstruktur als Beteiligungsgesellschaft nicht mit der der anderen Unternehmen vergleichbar ist.[213] Somit umfasst die Stichprobe 94 Unternehmen. Abgestellt wird auf die Indexzusammensetzung im Oktober 2013. Die Zahl der Unternehmen verringert sich in den historischen Jahren minimal, da einige Unternehmen erst in den letzten Jahren gegründet wurden.[214] Der Beobachtungszeitraum umfasst die Jahre 2005 – 2012. Bei vom Kalenderjahr abweichenden Geschäftsjahren erfolgt eine Zuordnung zu dem Kalenderjahr, in welchem das Geschäftsjahr endet.

Eine Ausweitung des Zeitraumes in die Vergangenheit würde dazu führen, dass Daten vor 2005 mangels vorhandener IFRS-Abschlüsse durch unterschiedliche Rechnungslegungssysteme verzerrt würden.[215] In Summe erge-

---

[210] Legt man beispielsweise die zuvor genannte Grenze der Mindestmarktkapitalisierung von 1,5 Mrd. EUR an, so würde bspw. das TecDAX-Mitglied Xing mit einer derzeitigen Marktkapitalisierung von 0,6 Mrd. EUR (Stand: 24.04.2014) nicht als Mid Cap Unternehmen angesehen werden.

[211] Vgl. Deutsche Börse AG (2013), S. 8 f. Von den betrachteten Unternehmen haben jedoch lediglich folgende drei ihren Hauptsitz außerhalb Deutschlands: RTL Group SA (Luxemburg), Qiagen NV (Niederlande) sowie EADS (Niederlande).

[212] Im Vergleich zu den Unternehmen aus dem Nicht-Finanz-Sektor ist deren Kapitalausstattung zum einen stark von den aufsichtsrechtlichen Anforderungen geprägt, zum anderen nutzen diese spezielle Refinanzierungsmöglichkeiten wie z.B. Kundeneinlagen, welche Unternehmen außerhalb des Finanzsektors nicht zur Verfügung stehen. Vgl. Rajan, R. / Zingales, L. (1995), S. 1424. Eliminiert wurden somit sämtliche Unternehmen, deren Sektor von Bloomberg als „Financials" eingestuft wurde. Zu den Spezifika der Kapitalstruktur von Banken vgl. Gropp, R. / Heider, F. (2009).

[213] Beispielsweise werden die Erlöse direkt als Beteiligungserträge ausgewiesen.

[214] So ist beispielsweise die Osram Licht AG erst im Laufe des Jahres 2013 als Spin-Off aus der Siemens AG hervorgegangen.

[215] Mit der EU-Verordnung aus dem Jahr 2002 wurde die Veröffentlichung eines IFRS-Konzernabschlusses für in Deutschland ansässige kapitalmarktorientierte Unternehmen für Geschäftsjahre ab dem 01.01.2005 verbindlich. Vgl. Artikel 4 der Verordnung (EG) Nr. 1606/2002 des europäischen Parlaments und des Rates vom 19. Juli 2002 betreffend die Anwendung internationaler Rechnungslegungsstandards.

ben sich somit je nach betrachtetem Parameter zwischen 712 und 732 Firmen-Jahr-Beobachtungen.[216] Bei den zur Beobachtung herangezogenen Daten handelt es sich um die IFRS-Konzernabschlusszahlen, welche aus der Datenbank Bloomberg gewonnen werden. Sofern einzelne Daten nicht verfügbar sind, erfolgt eine manuelle Pflege anhand der veröffentlichten Konzernjahresabschlüsse. Sofern Vorjahreszahlen in den darauffolgenden Geschäftsjahren korrigiert wurden, fließen diese revidierten Zahlen in die Betrachtung ein.

4.1.2 BETRACHTETE PARAMETER

Kapitalstruktur

Wie in Kapitel 2.1.4 erörtert, eignen sich verschiedene Kennzahlen zur Analyse der Kapitalstruktur.[217] Dabei ist hervorzuheben, dass in nachfolgenden sieben Kapitalstrukturkennzahlen sowohl Vertreter der vertikalen Bilanzanalyse, der horizontalen Bilanzanalyse sowie der Cashflow-orientierten Analyse enthalten sind. Sämtliche Bilanzpositionen werden dabei auf Basis von Buchwerten berechnet.

Aus dem Bereich der vertikalen Kapitalstrukturanalyse wird zunächst die Verschuldung in der weitesten Definition in Form des **Verschuldungsgrades** als Quotient aus Fremdkapital und Eigenkapital betrachtet.[218] Eine Bereinigung um nicht zinstragende Verbindlichkeiten wie Verbindlichkeiten aus Lieferung und Leistung sowie Rückstellungen führt dann zu der Kennzahl zinstragende Verbindlichkeiten in Relation zur Bilanzsumme (**Total Debt / Total Assets**). Im IFRS-Abschluss werden diese als kurz- und langfristige Finanzierungsverbindlichkeiten ausgewiesen. Es erfolgt zudem eine weitere Aufteilung der zinstragenden Verbindlichkeiten in den kurz- und langfristigen

---

[216] Die Spanne zwischen 712 und 732 liegt in der mangelnden Verfügbarkeit einzelner Kennzahlen sowie der bewussten Eliminierung z.b. der Kennzahl NetDebt / EBITDA bei negativem EBITDA begründet.

[217] Zur Gegenüberstellung von Vor- und Nachteilen der verschiedenen Verschuldungsdefinitionen eignet sich insbesondere Rajan, R. / Zingales, L. (1995), S. 1427 ff.

[218] Vgl. Rajan, R. / Zingales, L. (1995), S. 1427 f. Unternehmen, welche in einem Betrachtungsjahr ein negatives Eigenkapital aufweisen, fließen nicht in die Auswertung mit ein. In Summe werden 9 Unternehmens-Jahr-Betrachtungen eliminiert. Diese entfallen auf Gerresheimer (2006) sowie Kabel Deutschland (2005-2012).

Teil durch die beiden Kennzahlen **Short-Term Debt / Total Assets** und **Long-Term Debt / Total Assets**.[219] Im Bereich der vertikalen Kapitalstrukturanalyse soll mit der Kennzahl langfristiges Kapital zu langfristigen Aktiva (**Long-Term Capital / Long-Term Assets**) gemessen werden, wie langfristig das Anlagevermögen finanziert wurde. Das langfristige Kapital ist dabei die Summe aus dem Eigenkapital sowie dem langfristigen Fremdkapital. Werte von über 1,0 geben an, dass der gesamte Teil der langfristigen Vermögensgegenstände auch langfristig finanziert wurde. Mit dieser Kennzahl ist somit die Überprüfung der Goldenen Bilanzregel möglich.

Eine dynamische Betrachtung der Verschuldung ergibt sich durch den Quotienten aus der Nettoverschuldung (Total Debt abzgl. liquide Mittel) und dem erwirtschafteten EBITDA. Für die Untersuchung wird primär auf die in Bloomberg veröffentlichten Werte des **NetDebt / EBITDA** zurückgegriffen. Sofern in Einzelfällen kein Wert vorhanden ist, wird dieser manuell berechnet. Hingewiesen sei darauf, dass keine Adjustierungen des EBITDA (z.B. um außerordentliche Effekte oder Ergebnisanteile von nicht fortgeführten Geschäftseinheiten) erfolgt. Unternehmen mit negativem EBITDA werden in dem jeweiligen Jahr aus der Stichprobe eliminiert, so dass negative dynamische Verschuldungsgrade nur dann Berücksichtigung finden, wenn sie auf einer „negativen" Verschuldung (liquide Mittel übersteigen die Bruttoverschuldung) beruhen.[220] Die Summe der Kapitalstrukturkennzahlen dieser empirischen Untersuchung wird durch den **Zinsdeckungsgrad** (Interestcoverage) als Quotient aus EBITDA und Zinsaufwand komplettiert. Exakterweise müsste das EBITDA durch den zahlungswirksamen Zinsaufwand dividiert werden. Da jedoch einige der betrachteten Unternehmen keine Aufteilung des Zinsaufwandes in einen zinstragenden und einen nicht zinstragenden Teil vorgenommen haben, wird aus Gründen der Einheitlichkeit

---

[219] Zu beachten ist, dass in der Logik der IFRS-Rechnungslegung Verbindlichkeiten mit einer Laufzeit von > 1 Jahr als langfristig gelten. Vgl. IAS 1.61. Im Gegensatz dazu werden nach HGB erst Verbindlichkeiten mit einer Restlaufzeit von > 5 Jahren als langfristig angesehen. Vgl. § 285 Nr. 1a) HGB. Durch den Rückgriff auf IFRS-Konzernabschlusszahlen wird an dieser Stelle auf die IFRS-Logik zurückgegriffen.

[220] Aufgrund eines negativen EBITDAs fließen insgesamt 19 Unternehmens-Jahr-Kombinationen nicht in die Auswertung mit ein. Es handelt sich dabei um folgende Unternehmen: Klöckner (2009), KUKA (2009), Sky Deutschland (2008-2012), Aixtron (2005, 2012), Dialog Semiconductor (2006, 2007), Evotec (2005-2009), Nordex (2011), Xing (2005-2006).

auf den kompletten Zinsaufwand abgestellt (also inkl. diverser Bewertungseffekte). Auch hier erfolgt keine Berücksichtigung von Unternehmen, welche ein negatives EBITDA erwirtschaften.

Rentabilitätskennziffern:

Die Messung der Rentabilität soll mittels vier verschiedener Kennzahlen erfolgen. Da mit dieser Untersuchung der Zusammenhang zwischen Kapitalstruktur und Rentabilität analysiert werden soll, liegt der Schwerpunkt mit 3 von 4 Kennzahlen dabei im Bereich der Kapitalrentabilitäten. Zunächst soll eine Betrachtung der **Eigenkapitalrentabilität** erfolgen. Sofern in Bloomberg keine Werte hinsichtlich der Eigenkapitalrendite hinterlegt sind, wird diese näherungsweise wie folgt berechnet: Ergebnis nach Steuern durch Eigenkapital am Bilanzstichtag. Die Unschärfe, dass nicht auf das durchschnittliche Eigenkapital des Geschäftsjahres abgestellt wird, muss an dieser Stelle in Kauf genommen werden. Unternehmen mit negativem Eigenkapital werden in dem betroffenen Jahr aus der Stichprobe eliminiert. [221]

Hinsichtlich der Berechnung der **Gesamtkapitalrentabilität** ist zu berücksichtigen, dass im Zähler eine Ergebnisgröße zu verwenden ist, welche allen Kapitalgebern zur Verfügung steht. Somit muss neben dem Gewinn auch der Zinsaufwand erfasst werden. Um eine komplizierte Berücksichtigung des Tax-Shields zu vermeiden, erfolgt dabei eine Vorsteuerbetrachtung.[222] Somit wird für den Zweck dieser Untersuchung die Gesamtkapitalrentabilität als Quotient aus (Ergebnis vor Steuern zzgl. Zinsaufwand) und dem Gesamtkapital errechnet.

Weiterhin soll das EPS untersucht werden. Abgestellt wird dabei auf das nicht verwässerte Ergebnis der Stammaktien, also ohne Berücksichtigung von etwaigen Optionsprogrammen.[223] Im Gegensatz zu den anderen Rentabilitätsgrößen, welche in Prozent gemessen werden, handelt es sich beim EPS um eine Absolutgröße in EUR.[224]

---

[221] In Summe werden 9 Unternehmens-Jahr-Betrachtungen eliminiert. Diese entfallen auf Gerresheimer (2006) sowie Kabel Deutschland (2005-2012).
[222] Vgl. hierzu auch: Ewert, R. / Wagenhofer, A. (2007), S. 528.
[223] Zum Thema Abgrenzung verwässertes und unverwässertes Ergebnis je Aktie vgl. Coenenberg, A. et al. (2012), S. 598 ff.
[224] Somit kann diese z.B. durch das Durchführen eines Aktiensplits beeinflusst sein. Vgl. Volkar, R. (2011), S. 618.

Neben den zuvor genannten Kapitalrentabilitäten soll die EBITDA-Marge als Vertreter der operativen Rentabilitätskennzahlen ermittelt werden. Diese entspricht dem Quotient aus dem EBITDA und dem Umsatz. Auch an dieser Stelle soll keine Adjustierung des EBITDA stattfinden.

Tabelle 11 fasst die Kapitalstruktur- und Rentabilitätskennzahlen, welche in der Untersuchung Verwendung finden, abschließend zusammen:

Tab. 11: Betrachtete Parameter der empirischen Untersuchung

Kapitalstruktur	Rentabilität
• Verschuldungsgrad (FK/EK) • Total Debt / Total Assets • Short-Term Debt / Total Assets • Long-Term Debt / Total Assets • Long-Term Capital / Long-Term Assets • Dynamischer Verschuldungsgrad (NetDebt / EBITDA) • Zinsdeckungsgrad (EBITDA / Zinsaufwand)	• Eigenkapitalrentabilität • Gesamtkapitalrentabilität vor Steuern • Ergebnis je Aktie (EPS) • EBITDA-Marge

4.1.3 VORGEHENSWEISE

Zu Beginn werden Kapitalstruktur und Rentabilität anhand der in Kapitel 4.1.2 vorgestellten Kennzahlen deskriptiv analysiert. Hierbei liegt ein Schwerpunkt darauf, wie stark branchenspezifische Unterschiede in den Verschuldungsrelationen sowie den Rentabilitäten vorhanden sind.[225] Zu diesem Zweck erfolgt eine Clusterung der Stichprobe in verschiedene Branchen. Die Branchenzuordnung orientiert sich dabei an der Einteilung der Bloomberg-Sektoren. Aufgrund der überschaubaren Anzahl an Unternehmen der Stichprobe muss diese jedoch an einigen Stellen etwas durchbrochen werden, damit die Einteilung weder zu grob-, noch zu feingliedrig wird.[226]

In Summe ergeben sich acht verschiedene Branchen. Weiterhin wird analog der Studie von Biger et al. aus 2011 eine Trennung der gesamten Stichprobe in Unternehmen des verarbeitenden Gewerbes (Manufacturing) und der Dienstleistungsbranche (Services) vorgenommen. Folgende Tabelle zeigt die

---

[225] Arnold et al. kommen bei ihrer Untersuchung zur Erkenntnis, dass die Branchenzugehörigkeit ein wichtiger Parameter bei der Wahl der Kapitalstruktur darstellt. Vgl. Arnold, S. et al. (2011), S. 449.

[226] Im HDAX sind beispielsweise mit EON und RWE lediglich zwei Energieversorger enthalten. Aus diesem Grund werden sie der Branche Materials mit zugeschlagen.

Anzahl der Unternehmen in den jeweiligen Teilmengen. Eine Aufstellung sämtlicher Unternehmen der Stichprobe und deren Zuordnung findet sich in Anhang 1.

Tab. 12: Übersicht Branchenaufteilung der Stichprobe

Branche	Anzahl Unternehmen in der Stichprobe
Manufactoring	**52**
davon Automotive	6
davon Industrials	18
davon Materials (incl. Utilities)	17
davon Technology	11
Service	**42**
davon Communications	12
davon Consumer	11
davon Health Care	14
davon Software	5
Summe	**94**

Zur Prüfung, ob Rentabilitäts- und Kapitalstrukturkennzahlen voneinander abhängen und welche Kennzahlenpaare am geeignetsten sind, um einen Zusammenhang zu erklären, werden dann die Korrelationskoeffizienten der verschiedenen Kennzahlenpaare ermittelt. Abschließend soll auf Basis dieser ein multiples lineares Regressionsmodell erstellt werden, welches die Rentabilität in Abhängigkeit der Verschuldung sowie weiterer Parameter erklärt.

Sämtliche statistische Auswertungen – mit Ausnahme der Regressionsmodelle – werden mittels der Tabellenkalkulation Microsoft Excel 2010 durchgeführt und grafisch aufbereitet. Weiterhin erfolgt ein Abgleich der Ergebnisse mittels des Statistik-Programmes PSPP, um etwaige Formelfehler in den Excel-Tabellenblättern zu identifizieren.

4.2 ERGEBNISSE

4.2.1 ISOLIERTE BETRACHTUNG DER KAPITALSTRUKTUR

Aufgrund des Schwerpunktes auf die Korrelationsanalyse erfolgt die isolierte Betrachtung von Kapitalstruktur und Rentabilität in kompakter Weise. Es werden lediglich die markantesten Beobachtungen beschrieben. Tabelle 12 fasst die Ergebnisse der deskriptiven Analyse der Kapitalstruktur im Beobachtungszeitraum 2005-2012 zusammen.

Tab. 13: Deskriptive Analyse der Kapitalstruktur

	Datensätze	Verschuldungsgrad			Total Debt / Total Assets			Short Term Debt / Total Assets			Long Term Debt / Total Assets			Long Term Capital / Long Term Assets			Dynamischer Verschuldungsgrad			Zinsdeckungsgrad		
		Median	Mean	Standardabweichung	Median	Mean	Standardabweichung	Median	Mean	Standardabweichung	Median	Mean	Standardabweichung	Median	Mean	Standardabweichung	Median	Mean	Standardabweichung	Median	Mean	Standardabweichung
HDAX	723	1,58	2,24	3,71	0,19	0,22	0,19	0,03	0,05	0,06	0,14	0,16	0,17	1,25	1,51	0,82	0,73	1,16	3,44	8,79	128,92	1.373,49
DAX	199	1,81	2,43	2,55	0,24	0,26	0,15	0,04	0,07	0,08	0,19	0,19	0,10	1,11	1,27	0,63	1,43	2,30	4,31	7,91	21,37	73,42
MDAX	307	1,97	2,91	5,11	0,20	0,24	0,22	0,03	0,05	0,05	0,15	0,19	0,22	1,24	1,38	0,57	0,83	1,25	2,72	6,21	18,36	39,94
TecDAX	217	0,78	1,12	1,00	0,12	0,14	0,13	0,02	0,04	0,05	0,06	0,10	0,11	1,74	1,94	1,08	-0,31	-0,09	3,00	17,38	399,45	2.536,23
Manufactoring	402	1,93	2,70	4,58	0,18	0,20	0,16	0,03	0,06	0,07	0,14	0,15	0,13	1,29	1,53	0,78	0,69	1,35	3,98	8,52	174,51	1.815,72
Service	321	1,25	1,67	2,04	0,22	0,23	0,22	0,03	0,05	0,05	0,16	0,19	0,21	1,22	1,50	0,88	0,80	0,92	2,56	10,11	71,80	327,45
Automotive	48	3,02	2,76	1,07	0,39	0,39	0,12	0,19	0,16	0,08	0,22	0,22	0,08	1,07	1,13	0,17	3,77	4,86	4,67	13,74	14,46	9,02
Communications	82	1,19	2,19	3,45	0,22	0,32	0,35	0,03	0,05	0,06	0,19	0,27	0,34	1,00	1,22	0,92	0,74	1,11	2,67	9,49	106,76	461,16
Consumer	88	1,36	1,90	1,59	0,21	0,19	0,12	0,04	0,05	0,04	0,14	0,14	0,10	1,41	1,60	0,81	0,61	0,65	1,49	11,16	34,40	49,48
Health Care	111	1,25	1,25	0,79	0,25	0,23	0,13	0,03	0,04	0,04	0,20	0,18	0,12	1,33	1,71	0,93	1,46	0,92	2,26	8,89	78,89	376,20
Industrials	139	2,38	2,97	3,04	0,15	0,17	0,14	0,02	0,04	0,07	0,11	0,12	0,11	1,19	1,43	0,79	0,37	1,23	4,84	6,16	37,86	230,44
Materials	86	1,65	2,63	7,22	0,24	0,23	0,13	0,03	0,04	0,03	0,19	0,19	0,12	1,34	1,55	0,60	1,33	1,17	2,82	6,29	15,27	50,18
Software	40	1,17	1,31	0,70	0,15	0,15	0,14	0,03	0,04	0,05	0,04	0,10	0,12	1,14	1,31	0,45	0,22	1,13	4,32	13,67	63,62	157,24
Technology	84	0,85	1,44	1,63	0,11	0,13	0,14	0,02	0,04	0,05	0,05	0,09	0,13	1,85	2,03	1,01	-0,82	-0,58	1,89	19,31	775,08	3.997,38

Betrachtet man den Verschuldungsgrad der verschiedenen Subindizes, so weist der MDAX sowohl auf Basis des Medians als auch des arithmetischen Mittels die höchste Verschuldung auf.[227] Die Unternehmen des TecDax kommen hingegen mit deutlich niedrigerer Verschuldung aus. Diese Beobachtung steht nicht im Einklang mit den Ergebnissen von Rajan und Zingales aus 1995, dass der Verschuldungsgrad mit der Unternehmensgröße

---

[227] In der Betrachtung des Medians fallen Ausreißerwerte weniger stark ins Gewicht, als beim arithmetischen Mittel (Mean). Man spricht auch davon, dass dieser „resistent" gegen Ausreißerwerte ist. Vgl. hierzu Fahrmeir, N. et al. (2011), S. 55 f. Daher wird im Folgenden die Beschreibung in der Regel auf Basis des Median erfolgen.

zunimmt (Median Umsatzerlöse divergieren zwischen MEUR 44.529 beim DAX, MEUR 3.310 beim MDAX und MEUR 553 beim TecDAX).[228] Im Branchenvergleich zeigt sich eine große Schwankungsbreite. Der Median des Verschuldungsgrades liegt im betrachteten Zeitraum bei Unternehmen der Automotive-Branche um das 3-fache über den Technologiewerten (vgl. Abbildung 9).

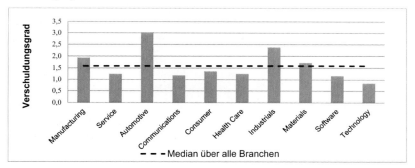

Abb. 9:   Median Verschuldungsgrad nach Branchen

Noch deutlicher fällt der Unterschied zwischen den Branchen beim dynamischen Verschuldungsgrad (NetDebt / EBITDA) aus. Abbildung 10 veranschaulicht, dass lediglich 3 Branchen im Median über einen Wert von 1,0 kommen – davon die Automobilwerte mit einem Wert von 3,77. In der Branchenanalyse ist zudem zu konstatieren, dass die Branchen mit tendenziell größeren Unternehmen auch eine höhere Verschuldung aufweisen.

---

[228] Vgl. Rajan, G. / Zingales, L. (1995), S. 1422. Allerdings stellte im beobachteten Zeitraum der Studie von 1987-1991 Deutschland als einziges der G7-Länder eine Ausnahme dar, da hier die positive Korrelation zwischen Unternehmensgröße und Verschuldung nicht zu beobachten war. In vorliegender Untersuchung ist hingegen eine positive Korrelation zwischen der Größe der Unternehmen (gemessen als logarithmiertes Umsatzvolumen) sowie dem Verschuldungsgrad festzustellen. Der entsprechende Korrelationskoeffizient beträgt 0,2 und ist hoch signifikant.

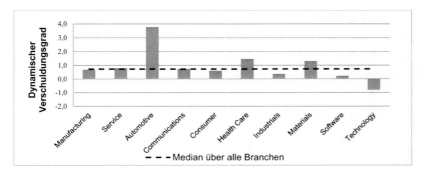

Abb. 10: Median dynamischer Verschuldungsgrad nach Branchen

Von Interesse ist zudem, ob sich die Kapitalstruktur im Laufe des Betrachtungszeitraumes maßgeblich geändert hat. Während die Entwicklung des
Verschuldungsgrades keinen großen Schwankungen unterworfen war, so
sind beim dynamischen Verschuldungsgrad größere Veränderungen ersichtlich (vgl. Abbildung 11). Besonders interessant ist die Entwicklung im Jahr
2009 – dem Höhepunkt der Wirtschaftskrise. Während die Technologiewerte
ihre Verschuldung sogar minimieren konnten, stieg der dynamische Verschuldungsgrad bei den MDAX-Werten sprunghaft an. Dies wundert nicht, da
insbesondere der Maschinen- und Anlagenbau mit besonderer Wucht von
der Krise getroffen wurde, was in der Folge zu einem starken Einbruch der
EBITDAs führte.[229]

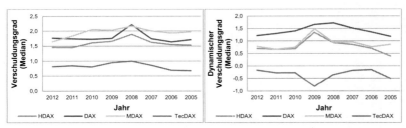

Abb. 11: Historische Entwicklung ausgewählter Kapitalstrukturkennzahlen.

---

[229] Die Lagekomponente des ifo-Geschäftsklimaindexes hatte 2009 ihren Tiefpunkt. Dabei erreichte der
Indexwert im verarbeitenden Gewerbe mit einem Stand von -50 eine deutlich stärkere Ausprägung
nach unten wie die anderen Branchen (zum Vergleich: Großhandel: -20; Bauhauptgewerbe: -35; Ein-
zelhandel: -15). Vgl. Ifo Institut (2014), S. 2. Auch der Auftragseingangsindex des Verbands Deutscher
Maschinen und Anlagenbau (VDMA) zeigt in 2009 einen Absturz des Auftragseinganges des deutschen Maschinenbaus (Absinken des Indexwertes von 140 per Anfang 2008 auf ca. 75 im Laufe des
Jahres 2009; dies entspricht einem Einbruch um ca. 46%). Vgl. VDMA (2014).

4.2.2 ISOLIERTE BETRACHTUNG DER RENTABILITÄT

Analog zu vorherigem Kapitel fasst nachfolgende Tabelle die Rentabilitäts-kennzahlen zusammen.

Tab. 14:Deskriptive Analyse der Rentabilität

	Datensätze	Eigenkapital-rentabilität			Gesamtkapital-rentabilität			Gesamtkapital-rentabilität vSt			EPS			EBITDA-Marge		
		Median	Mean	Standardabweichung	Median	Mean	Standardabweichung	Median	Mean	Standardabweichung	Median	Mean	Standardabweichung	Median	Mean	Standardabweichung
HDAX	723	13,5	11,6	24,0	6,4	6,4	9,2	7,6	8,5	10,3	1,6	2,4	4,5	13,9	15,7	49,8
DAX	199	13,9	12,7	15,3	5,6	5,9	6,3	7,0	7,8	5,7	2,8	3,6	5,1	15,8	16,7	6,8
MDAX	307	14,0	11,2	28,8	6,2	7,1	8,0	7,4	9,0	10,0	1,8	2,4	3,3	11,1	12,8	9,6
TecDAX	217	12,5	11,1	23,2	7,2	5,8	12,3	9,1	8,4	13,4	0,6	1,4	5,1	15,0	19,1	90,4
Manufactoring	403	13,5	11,4	19,1	5,6	5,6	7,5	6,7	7,5	8,1	2,1	3,0	5,6	11,7	12,4	8,2
Service	321	13,5	11,8	29,0	7,4	7,3	10,8	9,0	9,7	12,4	1,3	1,8	2,4	16,4	19,8	73,6
Automotive	48	14,8	12,5	13,9	4,5	5,0	4,0	6,3	6,8	5,5	3,1	4,9	8,5	13,6	14,6	5,8
Communications	82	12,8	3,3	51,2	7,6	4,3	15,8	7,6	6,1	16,1	0,6	1,2	3,2	17,9	18,6	16,2
Consumer	88	16,7	19,4	15,9	8,2	11,4	8,5	11,0	14,8	11,9	2,0	2,3	1,9	14,0	14,2	6,7
Health Care	111	11,3	9,7	11,3	6,5	5,6	7,3	8,5	7,1	8,4	1,3	1,8	2,1	16,4	12,9	23,5
Industrials	139	12,2	10,1	13,8	5,0	5,2	4,6	6,2	6,7	6,2	1,7	2,0	2,3	9,4	11,4	7,5
Materials	86	13,5	11,4	22,6	6,3	6,5	5,4	7,1	7,6	6,1	2,9	3,7	5,2	13,9	14,3	7,8
Software	40	17,8	18,3	12,4	10,5	10,0	4,7	14,5	13,4	6,9	1,5	1,8	1,8	23,6	54,1	202,2
Technology	85	12,2	9,9	25,6	6,6	4,0	13,2	8,1	7,4	12,4	0,5	2,0	8,0	9,5	10,0	11,0

Hinsichtlich der Eigenkapitalrentabilität liegen die Subindizes mit Medianen zwischen 11,1 und 12,7 eng beieinander. Auch im Branchenvergleich sind die Unterschiede nicht so prägnant wie zuvor bei der Betrachtung der Kapitalstruktur (vgl. Abbildung 12). Spitzenreiter bei der Eigenkapitalrendite sind die Software-Unternehmen, welche auch bei den anderen Rentabilitätskennziffern weit vorne liegen.

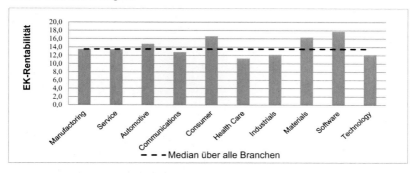

Abb. 12: Median Eigenkapitalrentabilität im Branchenvergleich

Abbildung 13 zeigt eine etwas größere Streuung bei der Gesamtkapitalrentabilität vor Steuern zwischen den einzelnen Branchen. Besonders auffällig
ist, dass die Automotive-Unternehmen bei der Eigenkapitalrendite über, bei
der Gesamtkapitalrentabilität deutlich unter dem Median aller Branchen liegen.

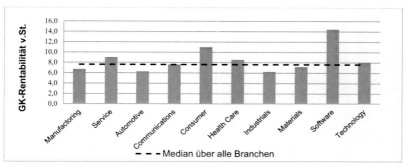

Abb. 13:   Median Gesamtkapitalrentabilität im Branchenvergleich

Auch hinsichtlich der EBITDA-Marge kommt es zu deutlichen Unterschieden
im Branchenvergleich, wie Abbildung 14 zeigt. Auch hier liegen die Software-
Werte deutlich an der Spitze.

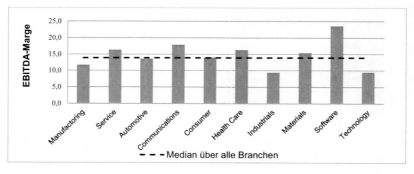

Abb. 14:   Median EBITDA-Marge im Branchenvergleich

Nun soll auch hier noch abschließend anhand folgender Grafik ein Blick auf
die Entwicklung im Zeitablauf geworfen werden.

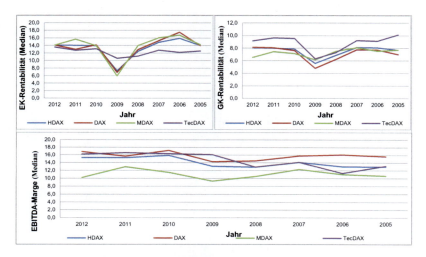

Abb. 15: Historische Entwicklung ausgewählter Rentabilitätskennzahlen

Hierbei fällt auf, dass die Eigenkapitalrentabilität im Jahr 2009 deutlich stärker zurückgegangen ist als die Gesamtkapitalrentabilität. Die EBITDA-Marge blieb vergleichsweise konstant.

4.2.3 KORRELATIONSANALYSE ZWISCHEN KAPITALSTRUKTUR UND RENTABILITÄT

Nach der isolierten Betrachtung der Kapitalstruktur- und Rentabilitätskennzahlen soll nun mittels einer Korrelationsanalyse untersucht werden, in wieweit ein Zusammenhang zwischen Kapitalstruktur und Rentabilität besteht. Zunächst werden die Korrelationskoeffizienten der jeweiligen Kennzahlenpaare errechnet. In einem ersten Schritt erfolgt dies unter Berücksichtigung der kompletten Stichprobe, also noch ohne eine Einteilung der Unternehmen in Subindizes (DAX, MDAX und TecDAX) oder Branchen. Zur Wertung des Korrelationskoeffizienten hinsichtlich der Stärke des Zusammenhanges existiert keine einheitliche Regel. Stattdessen finden sich verschiedene Orientierungshilfen, ab welchem Wert von einem schwachen, mittleren oder starken

Zusammenhang gesprochen werden kann.[230] Im Folgenden soll bei Korrelationskoeffizienten von > 0,3 bzw. < -0,3 von einer schwachen, bei Korrelationskoeffizienten von > 0,5 bzw. < -0,5 von einer mittelstarken und bei Korrelationskoeffizienten von > 0,7 bzw. < -0,7 von einer starken Korrelation gesprochen werden.

Da gerade bei kleineren Stichproben[231] auch bei Korrelationskoeffizienten, welche deutlich von null abweichen, nicht automatisch auf einen Zusammenhang geschlossen werden kann, erfolgt weiterhin ein Signifikanztest für die ermittelten Korrelationskoeffizienten.[232]

Dieser wird mittels eines zweiseitigen T-Tests in Excel durchgeführt sowie durch die automatisch ausgewiesenen Signifikanzwerte aus dem Statistikprogramm PSPP überprüft.[233] Weiterhin werden die Kennzahlenpaare hervorgehoben, welche einen Korrelationskoeffizienten von größer 0,3 oder kleiner - 0,3 aufweisen und mindestens eine Signifikanz zum 5%-Niveau besitzen. Die nachfolgende Tabelle zeigt die jeweiligen Korrelationskoeffizienten auf Basis des HDAX.

---

[230] Brosius schlägt folgende Orientierung vor: Korrelationskoeffizient <0,2: sehr schwache Korrelation; 0,2-0,4: schwache Korrelation; 0,4-0,6: mittlere Korrelation; 0,6-0,8: starke Korrelation; > 0,8: sehr starke Korrelation; 1,0: perfekte Korrelation. Vgl. Brosius, F. (2013), S. 523.

[231] Bspw. besteht die Gruppe aus Software-Unternehmen lediglich aus 5 Unternehmen, so dass hier lediglich 40 Firmen-Jahr-Betrachtungen einfließen.

[232] Ein Zusammenhang ist dann signifikant, wenn mit hinreichender Sicherheit die s.g. Nullhypothese abgelehnt werden kann. Die Nullhypothese besagt hierbei, dass der in der Stichprobe gefundene Zusammenhang rein zufällig ist und es in der Grundgesamtheit keinen Zusammenhang zwischen den beiden Parametern gibt. Als Signifikanzniveau wird dabei in der Regel eine Irrtumswahrscheinlichkeit von 1% oder 5% verwendet. Bei einem Signifikanzniveau von 1% ist die Wahrscheinlichkeit, dass der ermittelte Korrelationskoeffizient rein zufällig ist und in der Grundgesamtheit kein Zusammenhang zwischen den beiden Parametern besteht < 1%. Da in vorliegendem Fall sowohl positive als auch negative Korrelationskoeffizienten betrachtet werden sollen, ist ein zweiseitiger Test durchzuführen. Vgl. Fahrmeier, L. et al. (2011), S. 413. Für vertiefende Ausführungen zum Thema Testtheorie vgl. Fahrmeir, L. et al. (2011), S. 397 ff. oder zum Test des Korrelationskoeffizienten im Speziellen Brosius, F. (2013), S. 523-525.

[233] Der t-Test eignet sich als Signifikanztest, wenn die Varianz der Grundgesamtheit (in diesem Falle sämtlicher bestehenden Unternehmen) unbekannt ist. Vgl. Lehne, L. / Sibbertsen, P. (2012), S. 367 f. Hierbei wird zunächst der t-Wert des Korrelationskoeffizienten mit folgender Formel berechnet: $t = abs(\frac{Korrelationskoeffizient}{\sqrt{1-Korrelationskoeffizient^2}} \times \sqrt{Anzahl\ der\ Stichprobe - 2})$. Vgl. Fahrmeir, L. et al. (2011), S. 470 f. Anschließend wird mittels der Excel-Funktion TVERT der Wahrscheinlichkeitswert p für diesen Testwert ermittelt. Der p-Wert gibt dabei die Irrtumswahrscheinlichkeit an, mit der die Nullhypothese zurückgewiesen werden kann. Vgl. Brosius, F. (2013), S. 524; Lehne, H. / Sibbertsen, P. (2012), S. 393 f.

Tab. 15: Korrelationskoeffizienten HDAX

HDAX	EK-Rendite			GK-Rendite vSt			EPS			EBITDA-Marge		
	r	s	t	r	s	t	r	s	t	r	s	t
Verschuldungsgrad	-0,359	**	**	-0,155	**	**	-0,051			-0,020		
Total Debt / Total Assets	-0,154	**	**	-0,148	**	**	-0,024			0,076		*
Short-Term Debt / Total Assets	-0,115	**	**	-0,086	*	*	0,053			0,019		
Long-Term Debt / Total Assets	-0,127	**	**	-0,133	**	**	-0,051			0,078		*
Long-Term Capital / Long-Term Assets	0,123	**	**	0,216	**	**	0,008			-0,034		
Dynamischer Verschuldungsgrad	-0,114	**	**	-0,137	**	**	0,007			0,005		
Zinsdeckungsgrad	0,098	*	**	0,149	**	**	0,012			0,017		

r = Korrelationskoeffizient   s = Signifikanz, 2-seitig (Quelle: PSPP)   t = T-Test, 2-seitig (Eigene Berechnung)
* Signifikanz auf dem 5%-Niveau   ** Signifikanz auf dem 1%-Niveau

Hierbei ist zu konstatieren, dass sowohl Eigenkapital- als auch Gesamtkapitalrendite einen deutlich signifikanten Zusammenhang zu den untersuchten Kapitalstrukturkennzahlen aufweisen. Ein Großteil der Kennzahlenpaare weist eine Signifikanz auf dem 1%-Niveau auf. Der markanteste Zusammenhang besteht zwischen dem Verschuldungsgrad und der Eigenkapitalrendite mit einem Korrelationskoeffizienten von -0,359.

Auch wenn die Stärke der Korrelation bei den anderen Kennzahlenpaaren niedriger ist, so kann doch das Vorzeichen eine Indikation geben, in welche Richtung sich die Kennzahlen bedingen. Daher werden nun die Jahre 2005 bis 2012 isoliert betrachtet und lediglich das Vorzeichen erfasst. Anschließend wird die Differenz aus der Anzahl der Jahre mit positivem Korrelationskoeffizienten sowie der mit einem negativen Korrelationskoeffizienten gezogen. Die Ergebnisse sind in Tabelle 16 zusammengefasst:

Tab. 16: Vorzeichenanalyse der Korrelationskoeffizienten HDAX

HDAX	EK-Rendite			GK-Rendite vSt			EPS			EBITDA-Marge		
	+	-	Σ	+	-	Σ	+	-	Σ	+	-	Σ
Verschuldungsgrad	1	7	-6	0	8	-8	3	5	-2	1	7	-6
Total Debt / Total Assets	0	8	-8	1	7	-6	3	5	-2	8	0	8
Short-Term Debt / Total Assets	3	5	-2	1	7	-6	5	3	2	3	5	-2
Long-Term Debt / Total Assets	0	8	-8	1	7	-6	1	7	-6	8	0	8
Long-Term Capital / Long-Term Assets	8	0	8	7	1	6	3	5	-2	4	4	0
Dynamischer Verschuldungsgrad	2	6	-4	0	8	-8	6	2	4	4	4	0
Zinsdeckungsgrad	7	1	6	7	1	6	4	4	0	7	1	6

Es fällt auf, dass zwischen Verschuldungsgrad und Gesamtkapitalrentabilität in allen 8 Jahren des Betrachtungszeitraumes ein negativer Zusammenhang besteht. Der Zinsdeckungsgrad scheint hingegen sowohl mit der Eigen-, als auch der Gesamtkapitalrentabilität positiv zu korrelieren. Zwischen dem dynamischen Verschuldungsgrad und der EBITDA-Marge besteht hingegen kein einheitlicher Zusammenhang, da selbst das Vorzeichen über die Jahre keine Konstanz aufweist (4 Jahre mit negativem und 4 Jahre mit positivem Vorzeichen). Nun sollen die Korrelationen auf Basis der Subindizes DAX, MDAX und TecDAX betrachtet werden. Nachfolgend die Auswertung für die DAX-Unternehmen.

Tab. 17: Korrelationskoeffizienten DAX

DAX	EK-Rendite			GK-Rendite vSt			EPS			EBITDA-Marge		
	r	s	t	r	s	t	r	s	t	r	s	t
Verschuldungsgrad	-0,180	*	*	-0,361	**	**	-0,073			-0,340	**	**
Total Debt / Total Assets	-0,138			-0,435	**	**	0,095			-0,068		
Short-Term Debt / Total Assets	-0,037			-0,276	**	**	0,131			-0,160	*	*
Long-Term Debt / Total Assets	-0,165	*	*	-0,392	**	**	0,028			0,033		
Long-Term Capital / Long-Term Assets	0,093			0,188	*	**	-0,083			-0,086		
Dynamischer Verschuldungsgrad	-0,031			-0,236	**	**	0,059			-0,193	*	**
Zinsdeckungsgrad	0,175	*	*	0,467	**	**	-0,010			0,239	**	**

r = Korrelationskoeffizient   s = Signifikanz, 2-seitig (Quelle: PSPP)   t = T-Test, 2-seitig (Eigene Berechnung)
                                     * Signifikanz auf dem 5%-Niveau   ** Signifikanz auf dem 1%-Niveau

Bei den Blue Chips ist es insbesondere die Gesamtkapitalrendite, welche zumindest eine mittelstarke Korrelation zu einzelnen Verschuldungskennzahlen aufweist. Wie schon auf Basis des HDAX, korreliert diese negativ mit der Verschuldung, wobei die Stärke der Korrelation höher ist als in der Betrachtung aller Unternehmen. Auch der positive Zusammenhang zwischen Zinsdeckungsgrad und Gesamtkapitalrentabilität bestätigt sich im DAX und weist sogar eine deutlich stärkere Korrelation auf (Korrelationskoeffizient von 0,467).

Werden nun die Unternehmen des MDAX betrachtet, ergibt sich nachfolgendes Bild:

Tab. 18: Korrelationskoeffizienten MDAX

MDAX	EK-Rendite			GK-Rendite vSt			EPS			EBITDA-Marge		
	r	s	t	r	s	t	r	s	t	r	s	t
Verschuldungsgrad	-0,477	**	**	-0,188	**	**	-0,149	*	*	-0,167	**	**
Total Debt / Total Assets	-0,312	**	**	-0,169	**	**	-0,274	**	**	0,316	**	**
Short-Term Debt / Total Assets	-0,332	**	**	-0,104			-0,227	**	**	-0,094		
Long-Term Debt / Total Assets	-0,219	**	**	-0,152	*	**	-0,221	**	**	0,346	**	**
Long-Term Capital / Long-Term Assets	0,325	**	**	0,490	**	**	0,346	**	**	0,093		
Dynamischer Verschuldungsgrad	-0,352	**	**	-0,192	**	**	-0,235	**	**	0,068		
Zinsdeckungsgrad	0,238	**	**	0,534	**	**	0,135	*	*	0,316	**	**

r = Korrelationskoeffizient	s = Signifikanz, 2-seitig (Quelle: PSPP)	t = T-Test, 2-seitig (Eigene Berechnung)
	* Signifikanz auf dem 5%-Niveau	** Signifikanz auf dem 1%-Niveau

Hier korrelieren Eigenkapitalrendite und Verschuldungsgrad noch stärker negativ als in der gesamten Stichprobe (-0,477 zu -0,359). Weiterhin ist bei den MDAX-Unternehmen analog zu den DAX-Werten ein positiver Zusammenhang zwischen dem Zinsdeckungsgrad und der Gesamtkapitalrendite zu verzeichnen. Dieser ist sogar so stark, dass in der eingangs erläuterten Logik von einem mittelstarken Zusammenhang gesprochen werden kann. Auch der Zusammenhang zwischen langfristigem Kapital und langfristigem Vermögen korreliert positiv. 24 von 28 Kennzahlenpaare weisen einen signifikanten Zusammenhang (mind. zum 5%-Niveau) auf.

Völlig konträr ist der Blick auf die Korrelationsanalyse des TecDAX. Hier können lediglich 4 Kennzahlenpaare gefunden werden, welche zumindest zum 5%-Niveau einen signifikanten Zusammenhang aufweisen. Zudem wird anhand von Tabelle 19 ersichtlich, dass kein einziges Kennzahlenpaar im TecDAX einen Korrelationskoeffizienten mit einem Absolutwert von mindestens 0,3 aufweist.

Tab. 19:   Korrelationskoeffizienten TecDAX

TecDAX	EK-Rendite			GK-Rendite vSt			EPS			EBITDA-Marge		
	r	s	t	r	s	t	r	s	t	r	s	t
Verschuldungsgrad	-0,059			-0,128			0,025			0,115		
Total Debt / Total Assets	0,089			-0,040			-0,034			0,152	*	*
Short-Term Debt / Total Assets	0,116			0,043			0,056			0,087		
Long-Term Debt / Total Assets	0,054			-0,063			-0,061			0,140	*	*
Long-Term Capital / Long-Term Assets	0,005			0,101			0,017			-0,069		
Dynamischer Verschuldungsgrad	0,060			0,024			-0,024			0,051		
Zinsdeckungsgrad	0,151	*	*	0,193	*	**	0,045			0,007		

r = Korrelationskoeffizient   s = Signifikanz, 2-seitig (Quelle: PSPP)   t = T-Test, 2-seitig (Eigene Berechnung)
                                     * Signifikanz auf dem 5%-Niveau   ** Signifikanz auf dem 1%-Niveau

Somit kann nach der Betrachtung auf Ebene der Subindizes festgehalten werden, dass sich die Stärke der Korrelationen in den Subindizes deutlich unterscheidet. Die Betrachtung der gesamten Stichprobe, DAX und MDAX, gibt erste Anzeichen darauf, dass Eigen- und Fremdkapitalrendite negativ mit dem Verschuldungsgrad korrelieren, während zwischen Zinsdeckungsgrad und Gesamtkapitalrentabilität ein positiver Zusammenhang besteht. Auch der Quotient aus langfristigem Kapital zu langfristigen Vermögenswerten weist einen positiven Zusammenhang zur Gesamtkapitalrentabilität auf. Das EPS als absolute Kennzahl scheint die niedrigste Korrelation zu den Kapitalstrukturkennzahlen aufzuweisen.

Nun soll die Grundgesamtheit, wie in Kapitel 4.1.3 beschrieben, in verschiedene Branchen unterteilt werden.[234] Eine Erhöhung der Korrelation zwischen Unternehmen derselben Branche wäre deshalb zu erwarten, da den verschiedenen Branchen unterschiedliche Geschäftsmodelle zu Grunde liegen, welche insbesondere auch zu einem unterschiedlichen Grad an Kapitalintensität führen. Auch Myers vermutet in seiner Ausführung von 1984, dass durchschnittliche Verschuldungsgrade von Branche zu Branche aufgrund von unterschiedlichen Risiken, Zusammensetzungen von Vermögenswerten und Finanzierungsbedürfnissen divergieren.[235]

---

[234] Suter und Volkart sprechen davon, dass die Kapitalstruktur stark von der Branche beeinflusst wird. Vgl. Suter, A. / Volkart, P. (2006), S. 628.
[235] Vgl. Myers, S. (1984), S. 590.

Die deskriptive Analyse der Kapitalstruktur in Kapitel 4.2.1 hat gezeigt, dass die Unternehmen der verarbeitenden Branchen höher verschuldet sind als die Dienstleistungsunternehmen. Teilt man die Unternehmen folglich in diese beiden Gruppen ein, ergeben sich folgende Zusammenhänge:

Tab. 20: Korrelationskoeffizienten verarbeitender Sektor

Manufacturing	EK-Rendite			GK-Rendite vSt			EPS			EBITDA-Marge		
	r	s	t	r	s	t	r	s	t	r	s	t
Verschuldungsgrad	-0,369	**	**	-0,143	**	**	-0,054			-0,114	*	*
Total Debt / Total Assets	-0,160	**	**	-0,172	**	**	0,039			0,135	**	**
Short-Term Debt / Total Assets	0,040			-0,028			0,081			0,072		
Long-Term Debt / Total Assets	-0,224	**	**	-0,200	**	**	-0,001			0,134	*	**
Long-Term Capital / Long-Term Assets	0,110	*	*	0,182	**	**	-0,022			-0,053		
Dynamischer Verschuldungsgrad	-0,165	**	**	-0,169	**	**	0,012			-0,018		
Zinsdeckungsgrad	0,143	**	**	0,256	**	**	0,012			0,141	*	**

r = Korrelationskoeffizient   s = Signifikanz, 2-seitig (Quelle: PSPP)   t = T-Test, 2-seitig (Eigene Berechnung)
* Signifikanz auf dem 5%-Niveau   ** Signifikanz auf dem 1%-Niveau

Tab. 21: Korrelationskoeffizienten Dienstleistungssektor

Service	EK-Rendite			GK-Rendite vSt			EPS			EBITDA-Marge		
	r	s	t	r	s	t	r	s	t	r	s	t
Verschuldungsgrad	-0,532	**	**	-0,216	**	**	-0,145	*	**	0,006		
Total Debt / Total Assets	-0,155	*	**	-0,149	*	**	-0,141	*	*	0,078		
Short-Term Debt / Total Assets	-0,313	**	**	-0,146	*	**	-0,109	*		0,035		
Long-Term Debt / Total Assets	-0,058			-0,121	*	*	-0,120	*	*	0,074		
Long-Term Capital / Long-Term Assets	0,134	*	*	0,249	**	**	0,078			-0,039		
Dynamischer Verschuldungsgrad	-0,004			-0,092			-0,064			0,025		
Zinsdeckungsgrad	-0,041			0,019			-0,066			0,035		

r = Korrelationskoeffizient   s = Signifikanz, 2-seitig (Quelle: PSPP)   t = T-Test, 2-seitig (Eigene Berechnung)
* Signifikanz auf dem 5%-Niveau   ** Signifikanz auf dem 1%-Niveau

Auch wenn der Zusammenhang mit Ausnahme der Kennzahlenpaare, bei denen das EPS beteiligt ist, bei den Manufacturing-Unternehmen zum Großteil signifikant sind, so weist lediglich der Verschuldungsgrad und die Eigenkapitalrendite einen erwähnenswerten negativen Zusammenhang auf. Mit einem Korrelationskoeffizienten von -0,369 ist der Zusammenhang jedoch nur marginal stärker als in der gesamten Stichprobe mit -0,359. Bei den Dienstleistungsunternehmen weist dieses Kennzahlenpaar hingegen einen Wert von -0,532 auf (vgl. Tabelle 20 und 21).

Unterteilt man die Stichprobe in die genannten Branchen, zeigt die Korrelationsanalyse ein diffuses Bild: Während in den Branchen Automotive und Consumer zahlreiche Kennzahlenpaare existieren, welche eine hohe Korrelation aufweisen, so sind in den Branchen Health Care und Technology kaum signifikante Zusammenhänge aufzuspüren, und auch diese weisen einen niedrigen Korrelationskoeffizienten auf.

Nachfolgend sind mit den Branchen Automotive und Consumer die Branchen dargestellt, welche die meisten Kennzahlenpaare mit nennenswerter Korrelation aufweisen. Verschuldungsgrad und Gesamtkapitalrendite, welche bereits auf Ebene des HDAX negativ korrelierten, weisen bei den Automobilwerten mit einem Korrelationskoeffizienten von -0,826 einen sehr starken negativen Zusammenhang auf.

Tab. 22: Korrelationskoeffizienten Automotive

Automotive	EK-Rendite			GK-Rendite vSt			EPS			EBITDA-Marge		
	r	s	t	r	s	t	r	s	t	r	s	t
Verschuldungsgrad	-0,645	**	**	-0,826	**	**	-0,009			-0,453	**	**
Total Debt / Total Assets	-0,450	**	**	-0,754	**	**	-0,026			-0,322	*	*
Short-Term Debt / Total Assets	-0,155			-0,473	**	**	0,143			-0,129		
Long-Term Debt / Total Assets	-0,566	**	**	-0,727	**	**	-0,191			-0,387	*	**
Long-Term Capital / Long-Term Assets	0,270			0,486	**	**	-0,144			0,040		
Dynamischer Verschuldungsgrad	-0,122			-0,157			-0,017			-0,265		
Zinsdeckungsgrad	0,406	**	**	0,292	*	*	0,223			0,348	*	*

r = Korrelationskoeffizient	s = Signifikanz, 2-seitig (Quelle: PSPP) t = T-Test, 2-seitig (Eigene Berechnung)
	* Signifikanz auf dem 5%-Niveau ** Signifikanz auf dem 1%-Niveau

Dieser negative Zusammenhang zeigt sich – wenn auch etwas schwächer – auch bei den Unternehmen der Consumer-Branche (vgl. Tabelle 23). Hier weist zudem insbesondere der Zinsdeckungsgrad einen starken Zusammenhang zu den Renditekennzahlen auf.

Tab. 23: Korrelationskoeffizienten Consumer

Consumer	EK-Rendite			GK-Rendite vSt			EPS			EBITDA-Marge		
	r	s	t	r	s	t	r	s	t	r	s	t
Verschuldungsgrad	-0,393	**	**	-0,573	**	**	-0,449	**	**	-0,671	**	**
Total Debt / Total Assets	-0,212		*	-0,530	**	**	-0,341	**	**	-0,470	**	**
Short-Term Debt / Total Assets	-0,129			-0,273	*	*	-0,207			-0,311	**	**
Long-Term Debt / Total Assets	-0,186			-0,481	**	**	-0,300	**	**	-0,402	**	**
Long-Term Capital / Long-Term Assets	0,617	**	**	0,796	**	**	0,640	**	**	0,784	**	**
Dynamischer Verschuldungsgrad	-0,401	**	**	-0,565	**	**	-0,435	**	**	-0,570	**	**
Zinsdeckungsgrad	0,489	**	**	0,820	**	**	0,434	**	**	0,719	**	**

r = Korrelationskoeffizient   s = Signifikanz, 2-seitig (Quelle: PSPP)   t = T-Test, 2-seitig (Eigene Berechnung)
                                     * Signifikanz auf dem 5%-Niveau   ** Signifikanz auf dem 1%-Niveau

Die Korrelationstabellen der anderen Branchen werden an dieser Stelle nicht vorgestellt, können jedoch in Anhang 2 eingesehen werden.

Betrachtet man nun sämtliche Branchen, so haben sich einige Kennzahlen-paare herausgebildet, welche in der Mehrzahl der Branchen den gleichen Zusammenhang zwischen Kapitalstruktur und Rentabilität anzeigen. Nach-folgende Tabelle zeigt, in wie vielen Branchen ein signifikant positiver bzw. negativer Zusammenhang zwischen den jeweiligen Kapitalstruktur-Rendite-Kombinationen zu verzeichnen ist.[236]

Tab. 24: Zusammenfassung Korrelationsanalyse

	EK-Rendite		GK-Rendite		EPS		EBITDA-Marge		Summe	
	+	-	+	-	+	-	+	-	+	-
Verschuldungsgrad	0	5	0	4	1	2	0	0	1	11
Total Debt / Total Assets	0	2	0	4	0	2	2	2	1	10
Short-Term Debt / Total Assets	1	1	0	4	0	2	0	0	1	7
Long-Term Debt / Total Assets	0	1	1	4	0	1	3	3	4	9
Long-Term Capital / Long-Term Asset	2	0	4	0	2	1	2	2	10	3
Dynamischer Verschuldungsgrad	1	3	0	2	0	2	0	0	1	7
Zinsdeckungsgrad	3	0	5	0	1	0	5	5	14	5

Tabelle 24 verdeutlicht, dass auf Basis dieser Betrachtung über alle Bran-chen hinweg Verschuldungsgrad, Total Debt / Total Assets, Short- und Long-Term Debt / Total Asstes sowie der dynamische Verschuldungsgrad signifi-kant negativ, Long-Term Capital / Long-Term Assets sowie der Zins-deckungsgrad hingegen signifikant positiv mit den Renditekennzahlen korre-lieren. Diese Feststellung deckt sich auch mit der einführenden Korrelations-

---
[236] Signifikanzniveau auf dem 5%-Level.

analyse auf Basis des HDAX. Das EPS als Absolutgröße sowie die EBITDA-Marge haben hingegen keinen bzw. nur geringen Erklärungsgehalt.

4.3 REGRESSIONSMODELL

Bislang wurde der Zusammenhang zwischen zwei Kennzahlen in Form des Korrelationskoeffizienten ermittelt. Möchte man zur Erklärung eines Merkmals (z.B. der Rentabilität) den Einfluss mehrerer Variablen untersuchen, wird in den Wirtschaftswissenschaften hierzu meist auf die multiple lineare Regressionsanalyse zurückgegriffen.[237] Hierbei wird auf Basis der Methode der kleinsten Quadrate (engl: Ordinary Least Square; kurz: OLS) eine Regressionsgerade ermittelt, bei welcher die Summe der quadratischen Abweichungen von dieser Regressionsgeraden minimiert wird.[238] Ein Großteil der in Kapitel 3.5 dargestellten empirischen Untersuchungen basiert ebenfalls auf einem OLS-Regressionsmodell.[239] In Anlehnung an Biger et al. wird nun untersucht, ob sich durch die Aufnahme weiterer erklärender Parameter der Rentabilität das Bestimmtheitsmaß R^2 steigern lässt.[240] Neben der jeweiligen Kapitalstrukturkennzahl werden auch die Größe des Unternehmens (gemessen an den logarithmierten Umsatzerlösen[241]) sowie die Wachstumsrate (gemessen am Quotienten aus Umsatzerlöse des relevanten Jahres zu den Umsatzerlösen des Vorjahres) als unabhängige Variablen zur Erklärung der Rentabilität als abhängige Variable herangezogen.[242] Das multiple lineare Regressionsmodell hat demnach folgende Form:

Rentabilität = b_0 + b_1 * Größe des Unternehmens + b_2 * Wachstum + b_3 * Kapitalstrukturkennzahl.

---

[237] Vgl. Eckstein, P. (2012), S. 336 f.

[238] Vgl. Fahrmeir, L. et al. (2011), S. 480 f. Für vertiefende Ausführungen zur Methode der multiplen linearen Regression eignen sich Auer, B. / Rottmann, H. (2010), S. 435 – 457 sowie Eckstein, P. (2012), S. 315–342.

[239] So z.B. Arnold, S. et al. (2011); Biger, N. et al. (2011); Rajan, B. / Zingales, L. (1995).

[240] Vgl. Biger, N. et al. (2011), S. 7.

[241] Im Rahmen der linearen Regression können lediglich lineare Zusammenhänge untersucht werden. Werden z.B. Wachstumsvorgänge betrachtet, denen eine exponentielle Entwicklung zu Grunde liegt, kann dadurch Abhilfe geschaffen werden, dass für den betrachteten Parameter logarithmierte Werte in die Regressionsanalyse einfließen. Vgl. Brosius, F. (2013), S. 550 f.

[242] Zahlreiche empirische Studien kommen zu dem Ergebnis, dass ein signifikanter Zusammenhang zwischen der Kapitalstruktur sowie der Größe und der Wachstumsrate des Unternehmens besteht. So z.B. Wald, J. (1999), S. 172 f.

Dabei stellt b_0 die Konstante, b_1, b_2 und b_3 die Regressionsvariablen der Regressionsgleichung dar.

In der Folge wird das Modell für alle Subindizes und Branchen simuliert und für sämtliche Rentabilitäts- und Kapitalstrukturkennzahlenpaare mit einem Korrelationskoeffizienten von > 0,3 oder < -0,3 durchgeführt.[243] Zu beachten ist dabei, dass aufgrund der Berechnung der Wachstumsrate als Quotient aus dem Umsatz des Betrachtungsjahres und dem Umsatz des Vorjahres lediglich Daten bis zum Jahr 2006 vorhanden sind und sich der Betrachtungszeitraum somit auf 7 Jahre reduziert.[244] Tabelle 25 zeigt als Ergebnis, in wieweit eine Optimierung der Erklärungsgüte durch die Aufnahme der unabhängigen Variablen Unternehmensgröße und Wachstum möglich ist. Entscheidungskriterium ist dabei das angepasste Bestimmtheitsmaß, welches die Anzahl der einfließenden Parameter mitberücksichtigt. Die Berechnung erfolgt über das Statistikprogramm PSPP.

---

[243] Aufgrund der großen Anzahl an stark korrelierenden Kennzahlenpaaren in der Branche Consumer werden dort abweichend lediglich die mit einem Korrelationskoeffizienten von > 0,5 oder < -0,5 betrachtet. Mangels eines Korrelationskoeffizienten in dieser Größenordnung bei den TecDAX-Unternehmen sowie der Branche der Technology wird dort das Kennzahlenpaar verwendet, welches den höchsten Absolutwert der Korrelation aufweist und gleichzeitig zumindest eine Signifikanz zum 5%-Niveau erfüllt.

[244] Damit das angepasste Bestimmtheitsmaß mit dem Bestimmtheitsmaß ohne Berücksichtigung der Parameter Größe und Wachstum verglichen werden kann, wurden die in Kapitel 4.2 berechneten Korrelationskoeffizienten (dort: Betrachtungszeitraum 8 Jahre) nochmals für den 7-Jahres-Zeitraum 2006-2012 berechnet.

Tab. 25: Multiples lineares Regressionsmodell

Index / Branche	Kennzahlenpaar mit dem höchsten Bestimmtheitsmaß	R² ohne Größe und Wachstum	R² mit Größe und Wachstum	Hinweis
HDAX	Verschuldungsgrad und EK-Rendite	0,12	0,12	keine Optimierung möglich
DAX	Zinsdeckungsgrad und GK-Rendite	0,20	0,32	Optimierung um 0,12
MDAX	Zinsdeckungsgrad und GK-Rendite	0,26	0,39	Optimierung um 0,13
Tec DAX	Zinsdeckungsgrad und GK-Rendite	0,04	0,10	Optimierung um 0,06
Manufacturing	Verschuldungsgrad und EK-Rendite	0,06	0,23	Optimierung um 0,17
Service	Verschuldungsgrad und EK-Rendite	0,29	0,32	Optimierung um 0,03
Automotive	Verschuldungsgrad und GK-Rendite	0,67	0,67	keine Optimierung möglich
Communications	Zinsdeckungsgrad und EBITDA-Marge	0,41	0,43	Optimierung um 0,02
Consumer	Zinsdeckungsgrad und EK-Rendite	0,64	0,83	Optimierung um 0,19
Health Care	Long-Term Debt / Total Assets und EBITDA-Marge	0,05	0,15	Steigerung um 0,1; allerdings beträgt R² bei alleinigen Parametern Größe und Wachstum 0,16
Industrials	Zinsdeckungsgrad und GK-Rendite	0,24	0,43	Optimierung um 0,19
Materials	Long-Term Capital / Long Term Assets und EBITDA-Marge	0,26	0,40	Optimierung um 0,14
Software	Verschuldungsgrad und GK-Rendite	0,38	0,45	Steigerung um 0,07
Technology	Zinsdeckungsgrad und GK-Rendite	0,14	0,47	Steigerung um 0,33; allerdings beträgt R² bei alleinigen Parametern Größe und Wachstum 0,53

Durch die zusätzliche Berücksichtigung der Unternehmensgröße und der Wachstumsrate in einem linearen Regressionsmodell kann die erklärte Streuung der Rentabilität in den meisten der betrachteten Gruppen gesteigert werden. Bei den Unternehmen des MDAX lässt sich somit 39% der

Streuung der Gesamtkapitalrendite durch das Regressionsmodell erklären. Das Verhältnis der erklärten Streuung zur nicht erklärten Streuung – ausgedrückt in Form der Kennzahl F – beträgt 58,35 und weist eine Signifikanz zum 1%-Niveau auf.[245] Anhand der Beta-Faktoren der einzelnen Parameter (Zinsdeckungsgrad: 0,42; Größe: -0,37; Wachstum 0,09) wird deutlich, dass die Kapitalstruktur in Form des Zinsdeckungsgrades den größten Einfluss auf die Rentabilität aufweist.

Es fällt zudem auf, dass in Branchen, in welchen bereits ein hoher Bestimmtheitsgrad durch eine Kapitalstrukturkennzahl erreicht werden kann, eine weitere Steigerung dieses durch die Parameter Größe und Wachstum kaum möglich ist (so z.b. bei Automotive).

Kritisch anzumerken ist jedoch, dass in einzelnen Branchen, wie beispielsweise bei Technology, zwar eine starke Erhöhung des Bestimmtheitsgrades erreicht werden kann, dies jedoch alleinig an einer starken Korrelation der Parameter Größe und Wachstum liegt. Im Falle der Technologiewerte liefert das Regressionsmodell daher ohne die Berücksichtigung einer Kapitalstrukturkennziffer bessere Erklärungen.

Die Simulationsergebnisse für sämtliche Branchen können Anhang 3 entnommen werden.

4.4 INTERPRETATION

Die Ergebnisse der Untersuchung haben aufgezeigt, dass bei den betrachteten Unternehmen ein negativer Zusammenhang zwischen der Verschuldung und der Rendite vorliegt. Präzisieren lässt sich dies an folgenden Beobachtungen:

Negativer Zusammenhang zwischen dem Verschuldungsgrad und der Eigenkapitelrendite: Auf Ebene des HDAX stark signifikanter Korrelationskoeffizient von -0,359. Dieser wird in 5 von 8 Branchen bestätigt. Bei den Total

---

[245] Während die Signifikanz einzelner Regressionsparameter mittels des bereits in Kapitel 4.2.3 genannten T-Testes erfolgt, wird die Gesamtsignifikanz der Summe der in das Regressionsmodell einfließenden Parameter mittels eines F-Tests durchgeführt. Ziel dieses ist es ebenfalls, die Wahrscheinlichkeit der Ablehnung der Nullhypothese zu ermitteln. Die jeweiligen Werte wurden vom Statistikprogramm PSPP ausgegeben. Analog des T-Testes wird die Signifikanz zum 5%- und 1%-Niveau angegeben. Für tiefere Ausführungen vgl. hierzu Auer, B. / Rottmann, H. (2010), S. 467 ff.

Debt-Kennzahlen sowie dem dynamischen Verschuldungsgrad ist ebenfalls ein signifikant negativer, wenn auch etwas weniger starker Zusammenhang zu verzeichnen. Der negative Zusammenhang des dynamischen Verschuldungsgrades liefert somit eine Daseinsberechtigung für die in der Praxis gängige Begrenzung der Verschuldung in Form des NetDebt / EBITDA.[246] Long-Term Capital / Long-Term Assets korreliert positiv mit der Rendite. Aufgrund der Berücksichtigung des Eigenkapitals im Zähler bestärkt dies ebenfalls den beobachteten negativen Zusammenhang zwischen Verschuldung und Rentabilität. Die Beobachtung zeigt zudem, dass die Unternehmen die Handlungsempfehlung der Goldenen Bilanzregel befolgen.

Signifikant positiver Zusammenhang zwischen Zinsdeckungsgrad und Gesamtkapitalrentabilität. Dieser wird ebenfalls in 5 von 8 Branchen beobachtet.

Der beobachtete negative Zusammenhang zwischen Verschuldung und Rentabilität unterstützt die Pecking-Order-Theorie wonach Unternehmen zunächst interne Finanzierungsquellen nutzen.[247] Nach der Trade-Off-Theorie sowie dem Grundgedanken des Leverage-Effektes müsste hingegen eine zunehmende Verschuldung zunächst einen positiven Effekt aufweisen. Der in vorliegender Untersuchung konstant negative Effekt der Verschuldung kann somit entweder dadurch erklärt werden, dass sich der Verschuldungsgrad der betrachteten Unternehmen entweder bereits oberhalb des optimalen Verschuldungsgrades befindet oder dass die Trade-Off-Theorie in Summe zurückgewiesen werden muss. Zur Annäherung dieser Fragestellung sollte der Zeitraum der Beobachtung deutlich ausgedehnt werden und die Korrelationsanalyse nicht in der Gruppe der Unternehmen, sondern an den historischen Zahlen des jeweiligen Unternehmens durchgeführt werden. Zu einer exakten Überprüfung der Trade-Off-Theorie wäre es zudem notwendig, den Ziel-Verschuldungsgrad der Unternehmen zu kennen, sofern es einen solchen gibt. Zur Verifizierung der anderen Kapitalstrukturtheorien wie bspw. der Market-Timing-Theorie ist der Aufbau der vorliegenden Studie nicht ge-

---

[246] Vgl. Kapitel 3.4.
[247] Vgl. Kapitel 3.2.3.

eignet. Hier müssten die Zeitpunkte von Kapitalerhöhungen im Kontext der Entwicklung der Aktienkurse betrachtet werden.

Weiterhin ist an den Ergebnissen auffällig, dass die Stärke sowie die Richtung des Zusammenhanges zwischen den Branchen stark divergieren. Mit den Branchen Health Care und Technology existieren Beobachtungsgruppen, bei denen kein nennenswerter signifikanter Zusammenhang nachgewiesen werden kann und selbst das Vorzeichen des Korrelationskoeffizienten inkonstant ist. Bei Technology handelt es sich dabei um die Branche, welche im Zeitablauf konstant die niedrigste Verschuldung aufweist. Hier scheinen andere Faktoren die Rentabilität zu beeinflussen. Beide Branchen haben gemeinsam, dass sie aus eher kleineren Unternehmen bestehen[248] und die Abgrenzung der Branche als unscharf bezeichnet werden kann. Somit enthalten diese Unternehmen mit unterschiedlichsten Geschäftsmodellen und daraus resultierenden Kapitalerfordernissen.[249] Allerdings ist die Abgrenzung der Consumer-Unternehmen ebenfalls unscharf, liefert jedoch deutlich signifikante Ergebnisse.[250] Um die Unschärfe der Branchenabgrenzung zu reduzieren, müsste die Grundgesamtheit deutlich erhöht werden, so dass eine feingliedrigere Unterteilung möglich wäre und die einzelnen Gruppen trotzdem nicht zu klein werden.

Über die durchgeführte Korrelationsanalyse wurde zwar ein hoch signifikant negativer Zusammenhang zwischen Kapitalstruktur und Rentabilität ermittelt, dieser sagt jedoch nichts über die Kausalität des Zusammenhanges und somit die Richtung der gegenseitigen Beeinflussung aus.[251] Daher muss darüber hinaus der beobachtete Zusammenhang sachlogisch analysiert werden.[252] Somit stellt sich die Frage, ob die Höhe der Verschuldung die Rentabilität bedingt oder die Rentabilität in der Konsequenz die Kapitalstruktur definiert. Hierbei können für beide Richtungen Erklärungsansätze gefun-

---

[248] Median Umsatzerlöse Health Care: EUR 2,1 Mrd.; Technology: EUR 0,6 Mrd. Wie bereits in Kapitel 4.2.1 dargestellt, existiert ein positiver Zusammenhang zwischen der Größe der Unternehmen sowie der Höhe der Verschuldung.

[249] Würde hier statt auf die Sector-Einstufung auf die detailliertere Industry-Einstufung von Bloomberg zurückgegriffen werden, so bestünde Health Care aus 5 Biotech- und Pharma-, 5 Medical Equipment /Devices- und 2 Health Care Facility Services-Unternehmen. Es liegt nahe, dass der Klinikbetreiber Rhön-Klinikum kein perfektes Vergleichsunternehmen zum Pharma-Unternehmen Bayer darstellt.

[250] Hier ist z.B. Adidas auch nur bedingt mit TUI oder der deutschen Lufthansa vergleichbar.

[251] Vgl. Fahrmeir, R. et al. (2011), S. 148 f.

[252] Vgl. Eckstein, P. (2012), S. 315.

den werden. Unternehmen, welche eine hohe Rendite erzielen, haben eine höhere finanzielle Flexibilität. Somit ist es ihnen möglich, darüber zu entscheiden, ob bevorzugt die internen Quellen zur Finanzierung des betrieblichen Finanzbedarfs genutzt werden oder auf externe Finanzierungsquellen zurückgegriffen wird. Auch bei der Wahl der externen Quellen werden hoch profitable Unternehmen freier sein, da externe Kapitalgeber die Bonität des Unternehmens positiv einschätzen und gerne Kapital zur Verfügung stellen werden. Diese Argumentationslogik würde die These unterstützen, dass die Rentabilität die Kapitalstruktur beeinflusst.

Die Grundüberlegungen des Leverage-Effektes sowie die Ansätze, durch ein aktives Kapitalstrukturmanagement den Unternehmenswert zu steigern, postulieren den entgegengesetzten Wirkungszusammenhang. Durch die Entscheidung, welche Finanzierungsinstrumente eingesetzt werden, erfolgt eine direkte Beeinflussung der Kapitalkosten. Diese wiederum haben Einfluss auf die verschiedenen Rentabilitätsmaße.

Die Konstruktion von Regressionsmodellen empirischer Untersuchungen der vergangenen Jahre spiegelt ein ambivalentes Bild. Während Rajan und Zingales oder Arnold et al. die Kapitalstruktur als abhängige Variable modellieren[253], verwenden andere Autoren die Kapitalstruktur als unabhängigen Parameter, um dadurch beispielsweise die Streuung der Rentabilität zu erklären.[254] Solange neben den objektiv beobachtbaren Kennzahlen die Motive der Unternehmen für die eine oder andere Finanzierungsentscheidung nicht einsehbar sind, wird eine Beantwortung der Kausalitätsfrage nicht möglich sein.

Weiterhin ist der Frage nachzugehen, ob es sich bei den beobachteten Zusammenhängen um eine Scheinkorrelation handelt. Dies wäre zu bejahen, wenn beide Merkmale (Kapitalstruktur und Rentabilität) mit einem dritten Merkmal stark korrelieren.[255] In vorliegender Untersuchung wäre beispielsweise zu überprüfen, ob Kapitalstruktur und Rentabilität beide mit der Unternehmensgröße korrelieren und der beobachtete Zusammenhang zwischen Verschuldung und Rentabilität somit eine Scheinkorrelation darstellt. Die

---

[253] Vgl. Arnold, S. et al. (2011), S. 454 f.; Rajan, R. / Zingales, L. (1995), S. 1451 ff.
[254] So z.B. Biger, N. et al. (2011), S. 7
[255] Vgl. Fahrmeir, L. et al. (2011), S. 149.

Regressionsanalyse in Kapitel 4.3 hat in einzelnen Branchen gezeigt, dass dort die Rentabilität in hohem Maße von der Unternehmensgröße – gemessen an den logarithmierten Umsatzerlösen – abhängt (so z.B. bei Technologies und Consumer). Weiterhin konnte eine positive Korrelation der Verschuldung zur Unternehmensgröße festgestellt werden (Korrelationskoeffizient auf Ebene des HDAX von 0,2; Signifikanz zum 1%-Niveau). Somit könnte die Unternehmensgröße der tatsächlich beeinflussende Faktor für die Rentabilität darstellen und die beobachtete Korrelation zwischen Verschuldung und Rentabilität eine Scheinkorrelation darstellen. Da jedoch Größe und Rentabilität nur in einzelnen Branchen einen signifikanten Zusammenhang aufweisen und auf Ebene des HDAX zur EK-Rendite kein signifikanter Zusammenhang und zur GK-Rendite vor Steuer lediglich eine Signifikanz zum 5%-Niveau bei einem Korrelationskoeffizienten von nur -0,08 zeigen, kann diese Vermutung verworfen werden und die Möglichkeit einer Scheinkorrelation zwischen Verschuldung und Rentabilität mit hoher Sicherheit ausgeschlossen werden.

4.5 GRENZEN DER AUSSAGEKRAFT

Um die Ergebnisse besser einordnen zu können, ist es elementar, sich mit den Grenzen der Aussagekraft auseinanderzusetzen. Neben der bereits in Kapitel 4.4 erörterten Problematik, dass die Korrelationsanalyse die Frage der Kausalität nicht klären kann, ergeben sich weitere limitierende Faktoren. In der Wahl der Stichprobe liegt begründet, dass lediglich an der Börse gelistete Unternehmen untersucht wurden.[256] Gerade in Deutschland ist jedoch ein beträchtlicher Teil der Unternehmen in privater Hand. Bei diesen Unternehmen, welche den viel zitierten deutschen Mittelstand prägen, spielen bei der Frage der optimalen Kapitalstruktur neben Rentabilitätsgesichtspunkten häufig auch andere Faktoren, wie beispielsweise die Vermeidung von Kontrollrechten Externer, eine wichtige Rolle.[257] Aus diesem Grund können die

---

[256] Vgl. Rajan, R. / Zingales, L. (1995), S. 1424.

[257] Vgl. Thommen, J. – P. (2011), S. 96 f. Eine Studie von Deloitte zum Finanzierungsverhalten im Mittelstand zeigt auf, dass 88% der Manager und 98% der Eigentümer der befragten Unternehmen die Unabhängigkeit für wichtig oder sehr wichtig halten. Vgl. Deloitte & Touche GmbH Wirtschaftsprüfungsgesellschaft (2012), S. 16.

Ergebnisse der Studie nicht allgemein auf sämtliche deutsche Unternehmen übertragen werden.

Weitere Begrenzungen liegen in der niedrigen Anzahl der Unternehmen in einzelnen Branchen sowie der kurzen Historie von lediglich acht Geschäfts-jahren. Zudem ist eine Verzerrung durch den Rückgriff auf Zahlen aus dem externen Rechnungswesen gegeben, da diese durch bilanzpolitische Maß-nahmen beeinflusst sind.[258]

Trotz dieser einschränkenden Faktoren kann die Untersuchung vor dem Hintergrund der Aufgabenstellung, nämlich der Analyse des Zusammen-hangs von Kapitalstruktur und Rentabilität bei deutschen Blue Chips und Mid Caps, aus Sicht des Autors als brauchbar angesehen werden.

---

[258] Zur Verzerrung der Jahresabschlussdaten durch bilanzpolitische Maßnahmen vgl. Baetge, J. et al. (2004), S. 64 f.

5 ZUSAMMENFASSUNG UND AUSBLICK

Die Ausarbeitung hat gezeigt, dass in den vergangenen 50 Jahren eine Vielzahl an Modellen entwickelt wurden, um dem Ziel eines besseren Verständnisses der Unterschiede in den beobachteten Kapitalstrukturen verschiedener Unternehmen näher zu kommen.[259] Auch wenn es Dank dieser gelingt, verschiedene Aspekte zu erklären, so existiert trotz alledem kein Modell, welches die einzelnen Theorien vereint und universell Gültigkeit besitzt. Stattdessen widersprechen sich einige der Theorien an elementaren Stellen.

Hinsichtlich des Zusammenhangs zwischen Kapitalstruktur und Rentabilität konkurrieren insbesondere die Trade-Off- sowie die Pecking-Order-Theorie. Während die Trade-Off-Theorie zunächst von einem positiven Zusammenhang zwischen Verschuldung und Rentabilität ausgeht, empfiehlt die Pecking-Order-Theorie, diese nach Möglichkeit zu vermeiden und stattdessen auf interne Finanzierungsquellen zurückzugreifen.

Auch wenn die Ergebnisse empirischer Studien hinsichtlich des Zusammenhanges von Verschuldung und Rentabilität nicht eindeutig sind und stark vom Betrachtungszeitraum sowie den untersuchten Volkswirtschaften abhängen, so überwiegen die Studien, welche eine negative Korrelation zwischen Verschuldung und Rentabilitätsgrößen aufzeigen.

Dieser negative Zusammenhang konnte auch mittels der im Rahmen dieser Arbeit durchgeführten Studie anhand der größten börsengelisteten Unternehmen in Deutschland bestätigt werden. Somit kann die zentrale Fragestellung, ob es einen Zusammenhang zwischen Kapitalstruktur und Rentabilität gibt, eindeutig bejaht werden. Die Stärke sowie die Signifikanz dieses Zusammenhangs divergiert jedoch beträchtlich zwischen den verschiedenen Branchen, was an diversen Restriktionen der gewählten Methodik begründet sein kann. Zur detaillierten Analyse, warum solche großen Unterschiede im Erklärungsgehalt der beobachteten Korrelationen zwischen einzelnen Branchen liegen, sollte insbesondere die Größe der Stichprobe erhöht sowie der Betrachtungszeitraum ausgeweitet werden.

---

[259] Vgl. Graham, J. / Leary, M. (2011), S. 3 f.

Des Weiteren konnte bislang die Frage der Kausalität nicht zufriedenstellend beantwortet werden. Für eine Annäherung an die Frage, ob die Kapitalstruktur die Rentabilität bedingt oder umgekehrt, ist es unerlässlich, einen tieferen Einblick in die Motive der kapitalstrukturpolitischen Entscheidungen zu erlangen. Die Studien des Arbeitskreis „Finanzierung" der Schmalenbach-Gesellschaft für Betriebswirtschaft e.V. sowie von Graham und Harvey in Form von Befragungen stellen hierfür ein notwendiges Gegenstück zu den Untersuchungen dar, welche sich auf die Finanzdaten der Unternehmen stützen.[260]

Auch wenn dabei nennenswerte Fortschritte bei der Erforschung der Parameter der Kapitalstruktur erzielt werden können, scheint die Entwicklung eines auf sämtliche Unternehmen passende universelle Kapitalstrukturmodell jedoch illusorisch.[261] Die Begründung hierfür liefert Frydenberg in folgendem Zitat: „The capital structure beeing a mirror image of the real side of the balance sheet is a too complex fabric to fit into a single model."[262]

---

[260] Vgl. Arbeitskreis „Finanzierung" der Schmalenbach-Gesellschaft für Betriebswirtschaft e.V. (2009); Graham, J. / Harvey, C. (2001).

[261] Vgl. Frydenberg, S. (2004), S. 26.

[262] Frydenberg, S. (2004), S. 23.

ANHANG 1: STICHPROBE DER UNTERSUCHUNG

Tab. 26: Stichprobe der Untersuchung

Unternehmen	Subindex	Zuordnung Bloomberg	Zuordnung Untersuchung Sektor	Branche
Bayerische Motoren Werke AG	DAX	Consumer Discretionary	Manufacturing	Automotive
Continental AG	DAX	Consumer Discretionary	Manufacturing	Automotive
Daimler AG	DAX	Consumer Discretionary	Manufacturing	Automotive
Volkswagen AG	DAX	Consumer Discretionary	Manufacturing	Automotive
ElringKlinger AG	MDAX	Consumer Discretionary	Manufacturing	Automotive
Leoni AG	MDAX	Consumer Discretionary	Manufacturing	Automotive
Deutsche Telekom AG	DAX	Communications	Service	Communications
Axel Springer AG	MDAX	Communications	Service	Communications
Kabel Deutschland Holding AG	MDAX	Communications	Service	Communications
ProSiebenSat.1 Media AG	MDAX	Communications	Service	Communications
RTL Group SA	MDAX	Communications	Service	Communications
Sky Deutschland AG	MDAX	Communications	Service	Communications
Drillisch AG	TecDax	Communications	Service	Communications
Freenet AG	TecDax	Communications	Service	Communications
QSC AG	TecDax	Communications	Service	Communications
Telefonica Deutschland Holding AG	TecDax	Communications	Service	Communications
United Internet AG	TecDax	Communications	Service	Communications
XING AG	TecDax	Communications	Service	Communications
Adidas AG	DAX	Consumer Discretionary	Service	Consumer
Beiersdorf AG	DAX	Consumer Staples	Service	Consumer
Deutsche Lufthansa AG	DAX	Consumer Discretionary	Service	Consumer
Henkel AG & Co KGaA	DAX	Consumer Staples	Service	Consumer
Fielmann AG	MDAX	Consumer Discretionary	Service	Consumer

Unternehmen	Subindex	Zuordnung Bloomberg	Zuordnung Untersuchung Sektor	Branche
Gerry Weber International AG	MDAX	Consumer Discretionary	Service	Consumer
Hugo Boss AG	MDAX	Consumer Discretionary	Service	Consumer
Metro AG	MDAX	Consumer Staples	Service	Consumer
Rational AG	MDAX	Consumer Discretionary	Service	Consumer
Südzucker AG	MDAX	Consumer Staples	Service	Consumer
TUI AG	MDAX	Consumer Discretionary	Service	Consumer
Bayer AG	DAX	Health Care	Service	Health Care
Fresenius Medical Care AG & Co KGaA	DAX	Health Care	Service	Health Care
Fresenius SE & Co KGaA	DAX	Health Care	Service	Health Care
Merck KGaA	DAX	Health Care	Service	Health Care
Celesio AG	MDAX	Health Care	Service	Health Care
Rhön-Klinikum AG	MDAX	Health Care	Service	Health Care
Stada Arzneimittel AG	MDAX	Health Care	Service	Health Care
Carl Zeiss Meditec AG	TecDax	Health Care	Service	Health Care
Drägerwerk AG & Co. KGaA	TecDax	Health Care	Service	Health Care
Evotec AG	TecDax	Health Care	Service	Health Care
Morphosys AG	TecDax	Health Care	Service	Health Care
QIAGEN NV	TecDax	Health Care	Service	Health Care
Sartorius AG	TecDax	Health Care	Service	Health Care
STRATEC Biomedical AG	TecDax	Health Care	Service	Health Care
Deutsche Post AG	DAX	Industrials	Manufacturing	Industrials
Siemens AG	DAX	Industrials	Manufacturing	Industrials
Bilfinger SE	MDAX	Industrials	Manufacturing	Industrials
Dürr AG	MDAX	Industrials	Manufacturing	Industrials
EADS	MDAX	Industrials	Manufacturing	Industrials
Fraport AG Frankfurt Airport	MDAX	Industrials	Manufacturing	Industrials
GEA Group AG	MDAX	Industrials	Manufacturing	Industrials
Gildemeister AG	MDAX	Industrials	Manufacturing	Industrials
Hochtief AG	MDAX	Industrials	Manufacturing	Industrials
Krones AG	MDAX	Industrials	Manufacturing	Industrials

Unternehmen	Subindex	Zuordnung Bloomberg	Zuordnung Untersuchung Sektor	Branche
KUKA AG	MDAX	Industrials	Manufacturing	Industrials
MAN SE	MDAX	Industrials	Manufacturing	Industrials
MTU Aero Engines Holding AG	MDAX	Industrials	Manufacturing	Industrials
OSRAM Licht AG	MDAX	Industrials	Manufacturing	Industrials
Rheinmetall AG	MDAX	Industrials	Manufacturing	Industrials
Jenoptik AG	TecDax	Industrials	Manufacturing	Industrials
LPKF Laser & Electronics AG	TecDax	Industrials	Manufacturing	Industrials
Pfeiffer Vacuum Technology AG	TecDax	Industrials	Manufacturing	Industrials
BASF SE	DAX	Materials	Manufacturing	Materials
Brenntag AG	MDAX	Materials	Manufacturing	Materials
Evonik Industries AG	MDAX	Materials	Manufacturing	Materials
Fuchs Petrolub SE	MDAX	Materials	Manufacturing	Materials
HeidelbergCement AG	DAX	Materials	Manufacturing	Materials
K+S AG	DAX	Materials	Manufacturing	Materials
LANXESS AG	DAX	Materials	Manufacturing	Materials
Linde AG	DAX	Materials	Manufacturing	Materials
ThyssenKrupp AG	DAX	Materials	Manufacturing	Materials
Aurubis AG	MDAX	Materials	Manufacturing	Materials
Gerresheimer AG	MDAX	Materials	Manufacturing	Materials
Klöckner & Co SE	MDAX	Materials	Manufacturing	Materials
Salzgitter AG	MDAX	Materials	Manufacturing	Materials
Symrise AG	MDAX	Materials	Manufacturing	Materials
Wacker Chemie AG	MDAX	Materials	Manufacturing	Materials
E.ON SE	DAX	Utilities	Manufacturing	Materials
RWE AG	DAX	Utilities	Manufacturing	Materials

| Unternehmen | Subin-dex | Zuordnung | Zuordnung Untersuchung | |
		Bloomberg	Sektor	Branche
SAP AG	DAX	Technology	Service	Software
CompuGroup Medical AG	TecDax	Technology	Service	Software
Nemetschek AG	TecDax	Technology	Service	Software
PSI AG	TecDax	Technology	Service	Software
Software AG	TecDax	Technology	Service	Software
Infineon Technologies AG	DAX	Technology	Manufacturing	Technology
Norma Group SE	MDAX	Technology	Manufacturing	Technology
Wincor Nixdorf AG	MDAX	Technology	Manufacturing	Technology
ADVA Optical Networking SE	TecDax	Technology	Manufacturing	Technology
Aixtron SE	TecDax	Technology	Manufacturing	Technology
Bechtle AG	TecDax	Technology	Manufacturing	Technology
CANCOM SE	TecDax	Technology	Manufacturing	Technology
Dialog Semiconductor PLC	TecDax	Technology	Manufacturing	Technology
Kontron AG	TecDax	Technology	Manufacturing	Technology
Nordex SE	TecDax	Technology	Manufacturing	Technology
SMA Solar Technology AG	TecDax	Technology	Manufacturing	Technology

ANHANG 2: ERGEBNISSE KORRELATIONSANALYSE

Tab. 27: Ergebnisse Korrelationsanalyse Automotive

Automotive	EK-Rendite			GK-Rendite vSt			EPS			EBITDA-Marge		
	r	s	t	r	s	t	r	s	t	r	s	t
Verschuldungsgrad	-0,548	**	**	-0,826	**	**	-0,009			-0,453	**	**
Total Debt / Total Assets	-0,450	**	**	-0,754	**	**	-0,026			-0,322	*	*
Short-Term Debt / Total Assets	-0,155			-0,473	**	**	0,143			-0,129		
Long-Term Debt / Total Assets	-0,566	**	**	-0,727	**	**	-0,191			-0,387	*	**
Long-Term Capital / Long-Term Assets	0,270			0,486	**	**	-0,144			0,040		
Dynamischer Verschuldungsgrad	-0,122			-0,157			-0,017			-0,265		
Zinsdeckungsgrad	0,406	**	**	0,292	*	*	0,223			0,348	*	*

r = Korrelationskoeffizient   s = Signifikanz, 2-seitig (Quelle: PSPP)   t = T-Test, 2-seitig (Eigene Berechnung)
* Signifikanz auf dem 5%-Niveau   ** Signifikanz auf dem 1%-Niveau

Tab. 28: Ergebnisse Korrelationsanalyse Communications

Communications	EK-Rendite			GK-Rendite vSt			EPS			EBITDA-Marge		
	r	s	t	r	s	t	r	s	t	r	s	t
Verschuldungsgrad	-0,632	**	**	-0,172			-0,149			-0,145		
Total Debt / Total Assets	-0,210			-0,052			-0,211			0,286	*	**
Short-Term Debt / Total Assets	-0,538	**	*	-0,200			-0,269	*	*	-0,241	*	*
Long-Term Debt / Total Assets	-0,045			-0,017			-0,159			0,336	**	**
Long-Term Capital / Long-Term Assets	0,051			-0,012			0,004			-0,084		
Dynamischer Verschuldungsgrad	0,008			-0,044			-0,166			0,112		
Zinsdeckungsgrad	-0,077			-0,040			-0,080			0,605	**	**

r = Korrelationskoeffizient   s = Signifikanz, 2-seitig (Quelle: PSPP)   t = T-Test, 2-seitig (Eigene Berechnung)
* Signifikanz auf dem 5%-Niveau   ** Signifikanz auf dem 1%-Niveau

Tab. 29: Ergebnisse Korrelationsanalyse Consumer

Consumer	EK-Rendite			GK-Rendite vSt			EPS			EBITDA-Marge		
	r	s	t	r	s	t	r	s	t	r	s	t
Verschuldungsgrad	-0,393	**	**	-0,573	**	**	-0,449	**	**	-0,671	**	**
Total Debt / Total Assets	-0,212		*	-0,530	**	**	-0,341	**	**	-0,470	**	**
Short-Term Debt / Total Assets	-0,129			-0,273	*	*	-0,207			-0,311	**	**
Long-Term Debt / Total Assets	-0,186			-0,481	**	**	-0,300	**	**	-0,402	**	**
Long-Term Capital / Long-Term Assets	0,617	**	**	0,796	**	**	0,640	**	**	0,784	**	**
Dynamischer Verschuldungsgrad	-0,401	**	**	-0,565	**	**	-0,435	**	**	-0,570	**	**
Zinsdeckungsgrad	0,489	**	**	0,820	**	**	0,434	**	**	0,719	**	**

r = Korrelationskoeffizient   s = Signifikanz, 2-seitig (Quelle: PSPP)   t = T-Test, 2-seitig (Eigene Berechnung)
* Signifikanz auf dem 5%-Niveau   ** Signifikanz auf dem 1%-Niveau

Tab. 30: Ergebnisse Korrelationsanalyse Health Care

Health Care	EK-Rendite			GK-Rendite vSt			EPS			EBITDA-Marge		
	r	s	t	r	s	t	r	s	t	r	s	t
Verschuldungsgrad	0,160			0,162			0,263	*	**	0,116		
Total Debt / Total Assets	0,143			0,186			0,183			0,218	*	*
Short-Term Debt / Total Assets	0,057			0,034			0,133			0,044		
Long-Term Debt / Total Assets	0,139			0,196	*	*	0,155			0,228	*	*
Long-Term Capital / Long-Term Assets	0,076			0,208	*	*	-0,204	*	*	-0,004		
Dynamischer Verschuldungsgrad	0,034			0,076			0,182			-0,058		
Zinsdeckungsgrad	-0,084			-0,041			-0,108			-0,012		

r = Korrelationskoeffizient   s = Signifikanz, 2-seitig (Quelle: PSPP)   t = T-Test, 2-seitig (Eigene Berechnung)
* Signifikanz auf dem 5%-Niveau   ** Signifikanz auf dem 1%-Niveau

Tab. 31: Ergebnisse Korrelationsanalyse Industrials

Industrials	EK-Rendite			GK-Rendite vSt			EPS			EBITDA-Marge		
	r	s	t	r	s	t	r	s	t	r	s	t
Verschuldungsgrad	-0,212	*	*	-0,412	**	**	-0,187	*	*	-0,318	**	**
Total Debt / Total Assets	-0,088			-0,282	**	**	-0,078			0,105		
Short-Term Debt / Total Assets	-0,096			-0,169		*	-0,174	*	*	-0,084		
Long-Term Debt / Total Assets	-0,047			-0,240	**	**	0,017			0,183	*	*
Long-Term Capital / Long-Term Assets	0,159			0,389	**	**	-0,021			0,207	*	*
Dynamischer Verschuldungsgrad	-0,247	**	**	-0,232	*	**	-0,198	*	*	-0,062		
Zinsdeckungsgrad	0,144			0,485	**	**	0,108			0,274	**	**

r = Korrelationskoeffizient   s = Signifikanz, 2-seitig (Quelle: PSPP)   t = T-Test, 2-seitig (Eigene Berechnung)
* Signifikanz auf dem 5%-Niveau   ** Signifikanz auf dem 1%-Niveau

Tab. 32: Ergebnisse Korrelationsanalyse Materials

Materials	EK-Rendite			GK-Rendite vSt			EPS			EBITDA-Marge		
	r	s	t	r	s	t	r	s	t	r	s	t
Verschuldungsgrad	-0,593	**	**	-0,134			-0,124			-0,147		
Total Debt / Total Assets	-0,436	**	**	-0,335	**	**	-0,176	*		-0,029		
Short-Term Debt / Total Assets	0,096			0,106			-0,090			0,084		
Long-Term Debt / Total Assets	-0,475	**	**	-0,381	**	**	-0,156			-0,029		
Long-Term Capital / Long-Term Assets	0,193	*	*	0,097			0,187	*		-0,525	**	**
Dynamischer Verschuldungsgrad	-0,264	**	**	-0,112			-0,003			0,047		
Zinsdeckungsgrad	0,046			0,127			-0,019			0,247	**	**

r = Korrelationskoeffizient   s = Signifikanz, 2-seitig (Quelle: PSPP)   t = T-Test, 2-seitig (Eigene Berechnung)
* Signifikanz auf dem 5%-Niveau   ** Signifikanz auf dem 1%-Niveau

Tab. 33: Ergebnisse Korrelationsanalyse Software

Software	EK-Rendite			GK-Rendite vSt			EPS			EBITDA-Marge		
	r	s	t	r	s	t	r	s	t	r	s	t
Verschuldungsgrad	-0,153			-0,621	**	**	-0,231			0,306		
Total Debt / Total Assets	0,293			-0,129			0,070			0,292		
Short-Term Debt / Total Assets	0,114			-0,066			0,130			0,151		
Long-Term Debt / Total Assets	0,302			-0,125			0,023			0,283		
Long-Term Capital / Long-Term Assets	-0,118			0,001			-0,215			-0,178		
Dynamischer Verschuldungsgrad	0,343	*	*	0,217			0,031			0,038		
Zinsdeckungsgrad	0,257			0,580	**	**	0,168			-0,038		

r = Korrelationskoeffizient   s = Signifikanz, 2-seitig (Quelle: PSPP)   t = T-Test, 2-seitig (Eigene Berechnung)
                                  * Signifikanz auf dem 5%-Niveau   ** Signifikanz auf dem 1%-Niveau

Tab. 34: Ergebnisse Korrelationsanalyse Technology

Technology	EK-Rendite			GK-Rendite vSt			EPS			EBITDA-Marge		
	r	s	t	r	s	t	r	s	t	r	s	t
Verschuldungsgrad	-0,085			0,006			0,118			0,017		
Total Debt / Total Assets	-0,044			0,068			-0,027			0,177		
Short-Term Debt / Total Assets	0,267	*		0,292	*	**	0,073			0,210		
Long-Term Debt / Total Assets	-0,152			-0,036			-0,084			0,114		
Long-Term Capital / Long-Term Assets	0,091			0,107			-0,006			0,099		
Dynamischer Verschuldungsgrad	-0,134			-0,064			-0,007			-0,101		
Zinsdeckungsgrad	0,235	*	*	0,381	**	**	0,037			0,304	*	**

r = Korrelationskoeffizient   s = Signifikanz, 2-seitig (Quelle: PSPP)   t = T-Test, 2-seitig (Eigene Berechnung)
                                  * Signifikanz auf dem 5%-Niveau   ** Signifikanz auf dem 1%-Niveau

ANHANG 3: ERGEBNISSE MULTIPLE LINEARE REGRESSION

Tab. 35: Ergebnisse multiple lineare Regression

Gruppe	Rentabilitätskennzahl Kennzahl	Kapitalstruktur Kennzahl	Korrelationsanalyse r	R²	adj. R²	F	s	Stabw	Beta Kapitalstruktur	Log-Sales	Growth	Erhöhung der erklärten Streuung in Prozentpunkten
HDAX	EK-Rendite	Verschuldungsgrad	-0,34	0,12	0,12	30,78	**	22,6	-0,37	0,13	0,02	0,44
DAX	GK-Rendite v. St.	Verschuldungsgrad	-0,35	0,12	0,20	15,82	**	5,04	-0,26	-0,21	0,24	7,75
DAX	GK-Rendite v. St.	Total Debt / Total Assets	-0,41	0,17	0,25	20,66	**	4,88	-0,36	-0,16	0,27	8,19
DAX	GK-Rendite v. St.	EBITDA / Interest	0,45	0,20	0,32	27,91	**	4,67	0,42	-0,26	0,25	11,75
DAX	GK-Rendite v. St.	LT Debt / Total Assets	-0,37	0,14	0,25	20,7	**	4,88	-0,34	-0,23	0,27	11,31
DAX	EBITDA-Marge	Verschuldungsgrad	-0,35	0,12	0,15	11,52	**	6,27	-0,28	-0,19	0,12	2,75
MDAX	EK-Rendite	Verschuldungsgrad	-0,46	0,21	0,22	26,46	**	25,67	-0,46	0,05	0,13	0,84
MDAX	EK-Rendite	Total Debt / Total Assets	-0,29	0,08	0,09	9,98	**	27,73	-0,28	-0,06	0,14	0,59
MDAX	EK-Rendite	ST Debt / Total Assets	-0,37	0,14	0,16	18,17	**	26,65	-0,38	-0,08	0,16	2,31
MDAX	EK-Rendite	LT Capital / LT Assets	0,32	0,10	0,10	11,37	**	27,53	0,31	0,04	0,1	-0,24
MDAX	EK-Rendite	NetDebt / EBITDA	-0,25	0,06	0,16	17,82	**	15,66	-0,23	-0,24	0,23	9,75
MDAX	GK-Rendite v. St.	LT Capital / LT Assets	0,47	0,22	0,27	35,16	**	8,68	0,41	-0,23	0,05	4,91
MDAX	GK-Rendite v. St.	EBITDA / Interest	0,51	0,26	0,39	58,35	**	6,76	0,42	-0,37	0,09	12,99
MDAX	EPS	LT Capital / LT Assets	0,35	0,12	0,18	19,82	**	3,08	0,34	0,14	0,22	5,75
MDAX	EBITDA-Marge	Total Debt / Total Assets	0,34	0,12	0,23	29,23	**	8,62	0,29	-0,35	0,06	11,44
MDAX	EBITDA-Marge	LT Debt / Total Assets	0,36	0,13	0,25	32,57	**	8,5	0,33	-0,35	0,07	12,04
MDAX	EBITDA-Marge	EBITDA / Interest	0,3	0,09	0,30	40,49	**	7,27	0,18	-0,49	0,01	21,00
TecDAX	GK-Rendite v. St.	EBITDA / Interest	0,2	0,04	0,10	8,38	**	91,43	0,27	0,33	0,01	6,00
Manufacturing	EK-Rendite	Verschuldungsgrad	-0,24	0,06	0,23	36,55	**	15,66	-0,2	0,14	0,44	17,24
Service	EK-Rendite	Verschuldungsgrad	-0,54	0,29	0,32	44,01	**	25,04	-0,58	0,17	0	2,84
Service	EK-Rendite	ST Debt / Total Assets	-0,34	0,12	0,11	12,72	**	28,53	-0,35	0,07	0	-0,56
Automotive	EK-Rendite	Verschuldungsgrad	-0,54	0,29	0,46	12,59	**	10,7	-0,82	0,54	0,21	16,84
Automotive	EK-Rendite	Total Debt / Total Assets	-0,41	0,17	0,35	8,46	**	11,7	-0,73	0,55	0,31	18,19
Automotive	EK-Rendite	LT Debt / Total Assets	-0,54	0,29	0,46	12,45	**	10,73	-0,6	0,24	0,43	16,84
Automotive	EK-Rendite	EBITDA / Interest	0,41	0,17	0,33	7,7	**	11,92	0,46	-0,08	0,11	16,19
Automotive	GK-Rendite v. St.	Verschuldungsgrad	-0,82	0,67	0,67	28,52	*	3,12	-0,87	0,14	0,11	-0,24
Automotive	GK-Rendite v. St.	Total Debt / Total Assets	-0,72	0,52	0,54	17,22	**	3,66	-0,77	0,14	0,22	2,16
Automotive	GK-Rendite v. St.	LT Debt / Total Assets	-0,7	0,49	0,64	25,27	**	3,25	-0,62	-0,18	0,35	15,00
Automotive	GK-Rendite v. St.	ST Debt / Total Assets	-0,44	0,19	0,28	6,37	**	4,59	0,07	-0,46	0,36	8,64
Automotive	GK-Rendite v. St.	LT Capital / LT Assets	0,46	0,21	0,28	6,43	**	4,59	0,09	-0,35	0,32	6,84
Automotive	EBITDA-Marge	Verschuldungsgrad	-0,44	0,19	0,13	3,06	*	5,56	-0,41	-0,05	-0,02	-6,36
Automotive	EBITDA-Marge	Total Debt / Total Assets	-0,29	0,08	0,05	1,69		5,82	-0,08	-0,25	0,08	-3,41
Automotive	EBITDA-Marge	LT Debt / Total Assets	-0,38	0,14	0,13	3,09	*	5,55	-0,31	-0,2	0,09	-1,44
Automotive	EBITDA-Marge	EBITDA / Interest	0,35	0,12	0,25	5,49	**	5,17	0,44	-0,41	0,1	12,75

Gruppe	Rentabilitätskennzahl (Kennzahl)	Kapitalstruktur (Kennzahl)	Korrelationsanalyse r	R²	adj. R²	F s	Regressionsmodell Stabw. s	Kapitalstruktur (Beta)	Log-Sales (Beta)	Growth (Beta)	Erhöhung der erklärten Streuung in Prozentpunkten
Communications	EK-Rendite	Verschuldungsgrad	-0,64	0,41	0,39	16,16 **	42,09	-0,65	0,1	0	-1,96
Communications	EK-Rendite	ST Debt / Total Assets	-0,56	0,31	0,31	11,46 **	44,9	-0,59	0,14	-0,01	-0,36
Communications	EBITDA-Marge	LT Debt / Total Assets	0,31	0,10	0,06	2,76	15,86	0,32	-0,02	0,05	-3,61
Communications	EBITDA-Marge	EBITDA / Interest	0,64	0,41	0,43	19,02 **	9,5	0,68	0,17	0,19	2,04
Consumer	EK-Rendite	LT Capital / LT Assets	0,61	0,37	0,42	19,31 **	12,74	0,34	-0,37	0,05	4,79
Consumer	GK-Rendite v. St.	Verschuldungsgrad	-0,58	0,34	0,70	58,36 **	6,52	-0,03	-0,81	0,07	36,36
Consumer	GK-Rendite v. St.	Total Debt / Total Assets	-0,51	0,26	0,73	69,31 **	6,12	-0,2	-0,75	0,06	46,99
Consumer	GK-Rendite v. St.	LT Capital / LT Assets	0,8	0,64	0,78	88,71 **	5,57	0,41	-0,53	0,07	14,00
Consumer	GK-Rendite v. St.	NetDebt / EBITDA	-0,56	0,31	0,75	77,19 **	5,88	-0,26	-0,72	0,06	43,64
Consumer	GK-Rendite v. St.	EBITDA / Interest	0,8	0,64	0,83	119,97 **	4,93	0,45	-0,55	0,05	19,00
Consumer	EPS	LT Capital / LT Assets	0,66	0,44	0,42	19,29 **	1,42	0,72	0,09	0,08	-1,56
Consumer	EBITDA-Marge	Verschuldungsgrad	-0,69	0,48	0,65	47,9 **	4,04	-0,29	-0,58	0,03	17,39
Consumer	EBITDA-Marge	LT Capital / LT Assets	0,8	0,64	0,72	64,64 **	3,64	0,48	-0,42	0,06	8,00
Consumer	EBITDA-Marge	NetDebt / EBITDA	-0,57	0,32	0,67	52,34 **	3,92	-0,28	-0,66	0,04	34,51
Consumer	EBITDA-Marge	EBITDA / Interest	0,71	0,50	0,68	54,21 **	3,87	0,35	-0,56	0,04	17,59
Health Care	EBITDA-Marge	LT Debt / Total Assets	0,22	0,05	0,15	6,7 **	22,9	0,03	0,32	0,28	10,16
Industrials	GK-Rendite v. St.	Verschuldungsgrad	-0,39	0,15	0,29	17,05 **	5,2	-0,21	-0,37	-0,17	13,79
Industrials	GK-Rendite v. St.	LT Capital / LT Assets	0,33	0,11	0,30	31,07 **	5,17	0,22	-0,41	0,17	19,11
Industrials	GK-Rendite v. St.	EBITDA / Interest	0,49	0,24	0,43		4,58	0,41	-0,41	0,14	18,99
Industrials	EBITDA-Marge	Verschuldungsgrad	-0,32	0,10	0,20	11,18 **	6,74	-0,14	-0,37	0,08	9,76
Materials	EK-Rendite	Verschuldungsgrad	-0,36	0,13	0,34	23,18 **	16,56	-0,59	-0,06	0,02	21,04
Materials	EK-Rendite	Total Debt / Total Assets	-0,35	0,12	0,19	10 **	15,39	-0,29	-0,11	0,34	6,75
Materials	GK-Rendite v. St.	Total Debt / Total Assets	-0,37	0,14	0,20	10,37 **	15,33	-0,3	-0,09	0,33	6,31
Materials	GK-Rendite v. St.	LT Capital / LT Assets	-0,35	0,12	0,22	11,89 **	6,27	-0,38	-0,29	0,19	9,75
Materials	EBITDA-Marge	LT Capital / LT Assets	-0,39	0,15	0,24	13,3 **	6,18	-0,41	-0,28	0,18	8,79
Software	EK-Rendite	NetDebt / EBITDA	-0,51	0,26	0,40	27,23 **	5,37	-0,61	-0,36	0,18	13,99
Software	GK-Rendite v. St.	Verschuldungsgrad	0,36	0,13	0,23	4,34 *	10,54	0,46	0,42	0,07	10,04
Software	GK-Rendite v. St.	EBITDA / Interest	-0,62	0,38	0,45	10,09 **	4,97	-0,54	0,25	-0,2	6,56
Software	EBITDA-Marge	Verschuldungsgrad	0,55	0,30	0,39	8,17 **	5,22	0,4	0,39	-0,04	8,75
Software	GK-Rendite v. St.	EBITDA / Interest	0,33	0,11	0,14	2,78	203,39	0,12	-0,39	-0,05	3,11
Technology	EBITDA-Marge	Verschuldungsgrad	0,38	0,14	0,47	21,21 **	6,9	0,29	0,24	0,59	32,56
Technology	EBITDA-Marge	EBITDA / Interest	0,31	0,10	0,27	9,33 **	6,48	0,24	0,25	0,44	17,39

LITERATURVERZEICHNIS

Aleth, F. / Reichel, G. / Roderburg, G. (2008): Eigenkapitalfinanzierung durch die Gesellschafter, in: Eilers, S. / Rödding, A. / Schmalenbach, D. (Hrsg.): Unternehmensfinanzierung – Gesellschaftsrecht, Steuerrecht, Rechnungslegung, C.H. Beck, München 2008, S. 75-139.

Arbeitskreis „Finanzierung" der Schmalenbach-Gesellschaft für Betriebswirtschaft e.V. (2009): Kapitalstrukturpolitik und Kapitalgeberinteressen – Ergebnisse einer explorativen Befragung von Vertretern börsennotierter Unternehmen in Deutschland, in: Zeitschrift für betriebswirtschaftliche Forschung 2009, Jg. 61, Nr. 5, S. 323-354.

Arnold, S. / Lahmann, A. / Reinstädt, J. (2011): Zur Überprüfung von Kapitalstrukturtheorien in einer von Krisen geprägten Zeit, in: CORPORATE FINANCE biz 2011, Jg. 13, Nr. 8, S. 449-458.

Auer, B. / Rottmann, H. (2010): Statistik und Ökonometrie für Wirtschaftswissenschaftler – Eine Anwendungsorientierte Einführung, Gabler, Wiesbaden 2010.

Baker, M. / Wurgler, J. (2002): Market Timing and Capital Structure, in: Journal of Finance 2002, Jg. 57, Nr. 1, S. 1-32.

Baxamusa, M. (2011): How Well Do Market Timing, Catering, and Classical Theories Explain Corporate Decisions?, in: Journal of Financial Research 2011, Jg. 34, Nr. 2, S. 217-239.

Baxter, N. (1967): Leverage, Risk of Ruin and the Cost of Capital, in: Journal of Finance 1967, Jg. 22, Nr. 3, S. 395-403.

Baetge, J. / Kirsch, H.-J. / Thiele, S. (2004): Bilanzanalyse, 2. Auflage, IDW, Düsseldorf 2004.

Becker, H. (2012): Investition und Finanzierung – Grundlagen der betrieblichen Finanzwirtschaft, 5. Auflage, Gabler, Wiesbaden 2012.

Behringer, S. (2011): Konzerncontrolling, Springer, Berlin, Heidelberg 2011.

Ben-Shahar, H. (1968): The Capital Structure and the Cost of Capital: A Suggested Exposition, in: Journal of Finance 1968, Jg. 23, Nr. 4, S. 639-653.

Biger, N. / Gill, A. / Mathur, N. (2011): The Effect of Capital Structure on Profitability: Evidence From the United States, in: International Journal of Management 2011, Jg. 28, Nr. 4, S. 3-15.

Breuer, C. / Breuer, W. / Schweizer, T. (2012): Gabler Lexikon Corporate Finance, 2. Auflage, Gabler, Wiesbaden 2012.

Brosius, F. (2013): SPSS 21, mitp, Heidelberg, München, Landsberg u.a. 2013.

Casey, C. (2012): Kapitalstrukturanalyse und Trade-Off-Theorie – Theoretische Überlegungen und branchenspezifische Reaktionsmuster der DAX-Gesellschaften, in: Betriebswirtschaftliche Forschung und Praxis 2012, Jg. 64, Nr. 2, S. 163-189.

Coenenberg, A. / Haller, A. / Schultze, W. (2012): Jahresabschluss und Jahresabschlussanalyse – Betriebswirtschaftliche, steuerrechtliche und internationale Grundlagen – HGB, IAS/IFRS, US-GAAP, DRS, Schäffer-Poeschel, Stuttgart 2012.

Copeland, T. / Weston, J. / Shastri, K. (2008): Finanzierungstheorie und Unternehmenspolitik – Konzepte der kapitalmarktorientieren Unternehmensfinanzierung, 4. Auflage, Pearson, München 2008.

Dinauer, J. / Zantow, R. (2011): Finanzwirtschaft des Unternehmens – Die Grundlagen des modernen Finanzmanagements, 3. Auflage, Pearson, München 2011.

Donaldson, G. (1962): New Framework for Corporate Debt Policy, in: Harvard Business Review 1962, Jg. 40, Nr. 2, S. 117-131.

Eckstein, P. (2012): Statistik für Wirtschaftswissenschaftler – Eine realdatenbasierte Einführung mit SPSS, 3. Auflage, Springer-Gabler, Heidelberg 2012.

Eilers, S. (2008): Grundlagen der Unternehmensfinanzierung, in: Eilers, S. / Rödding, A. / Schmalenbach, D. (Hrsg.): Unternehmensfinanzierung – Gesellschaftsrecht, Steuerrecht, Rechnungslegung, C.H. Beck, München 2008, S. 1-26.

Ewert, R. / Wagenhofer, A. (2007): Interne Unternehmensrechnung, 7. Auflage, Springer, Berlin, Heidelberg 2007.

Fan, J. / Titman, S. / Twite, G. (2012): An International Comparison of Capital Structure and Debt Maturity Choices, in: Journal of Financial and Quantitative Analysis 2012, Jg. 47, Nr. 1, S. 23-56.

Fahrmeir, L. / Künstler, R. / Pigeot, I. / Tutz, G. (2011): Statistik - Der Weg zur Datenanalyse, 7. Auflage, Springer, Berlin Heidelberg 2011.

Frank, M. / Goyal, V. (2009): Capital Structure Decisions: Which Factors Are Reliably Important, in: Financial Management 2009, Jg. 38, Nr. 1, S. 1-37.

Gleißner, W. (2008): Entwicklung einer Ratingstrategie, in: Everling, O. (Hrsg.), Certified Rating Analyst, Oldenbourg, Müchen, Wien 2008, S. 407-424.

Gleske, C. / Laudenklos, F. (2008): Grundlagen der hybriden Finanzierungsinstrumente, in: Eilers, S. / Rödding, A. / Schmalenbach, D. (Hrsg.), Unternehmensfinanzierung – Gesellschaftsrecht, Steuerrecht, Rechnungslegung, C.H. Beck, München 2008, S. 465-502.

Graham, J. / Harvey, C. (2001): The Theory and Practice of Corporate Finance: Evidence From the Field, in: Journal of Financial Economics 2001, Jg. 60, Nr. 2, S. 187-243.

Harris, M. / Raviv, A. (1991): The Theory of Capital Structure, in: Journal of Finance 1991, Jg. 46, Nr. 1, S. 297-355.

Hasselbach, K. / Rödding, A. (2008): Der fremdfinanzierte Unternehmenskauf, in: Eilers, S. / Rödding, A. / Schmalenbach, D. (Hrsg.), Unternehmensfinanzierung – Gesellschaftsrecht, Steuerrecht, Rechnungslegung, C.H. Beck, München 2008, S. 800-831.

Holt, B. (2008): Rating von Industrieunternehmen, in: Everling, O. (Hrsg.), Certified Rating Analyst, Oldenbourg, Müchen, Wien 2008, S. 93-103.

Horster, J. / Knauer, T. (2012): Eignung und Einsatz finanzieller Steuerungskennzahlen zur wertorientierten Unternehmenssteuerung, in: Zeitschrift für Controlling & Management 2012, Jg. 56, Nr. 2, S. 118-124.

Jensen, M. / Meckling, W. (1976): Theory of the Firm; Managerial Behavior, Agency Costs and Ownership Structure, in: Journal of Financial Economics 1976, Jg. 3, Nr. 4, S. 305-360.

Jensen, M. (1986): Agency Costs of Free Cash Flow, Corporate Finance and Takeovers, in: American Economic Review 1986, Jg. 76, Nr. 2, S. 323-329.

Jetter, Y. (2008): Kreditfinanzierung, in: Eilers, S. / Rödding, A. / Schmalenbach, D. (Hrsg.), Unternehmensfinanzierung – Gesellschaftsrecht, Steuerrecht, Rechnungslegung, C.H. Beck, München 2008, S. 183-212.

Kim, E. (1978): A Mean-Variance Theory of Optimal Capital Structure and Corporate Debt Capacity, in: Journal of Finance 1978, Jg. 37, Nr. 2, S. 301-319.

Kraus, A. / Litzenberger, R. (1973): A State-Preference Model of Optimal Financial Leverage, in: Journal of Finance 1973, Jg. 28, Nr. 4, S. 911-922.

Krämer, L. (2008): Externes Rating, in: Eilers, S. / Rödding, A. / Schmalenbach, D. (Hrsg.), Unternehmensfinanzierung – Gesellschaftsrecht, Steuerrecht, Rechnungslegung, C.H. Beck, München 2008, S. 342-353

Lampenius, N. / Ungemach, F. (2012): Einfluss der Rechnungslegung auf buchhalterische Rentabilitätskennzahlen am Beispiel des Return on Investment (ROI), in: Zeitschrift für Controlling & Management 2012, Jg. 56, Nr. 3, S. 214-216.

Lehne, H. / Sibbertsen, P. (2012): Statistik – Einführung für Wirtschafts- und Sozialwissenschaftler, Springer-Gabler, Heidelberg 2012.

Lukas, C. / Rapp, M. (2013): Unternehmenssteuerung mit Rentabilitätskennzahlen, in: Controlling & Management Review 2013, Jg. 57, Nr. 6, S. 68-73.

Lummert, S. / Schumacher, M. (2009): Bilanz- und Kennzahlenanalyse von Unternehmen, in: Fackler, M. / Schacht, U. (Hrsg.), Praxishandbuch Unternehmensbewertung - Grundlagen, Methoden, Fallbeispiele, 2. Auflage, Gabler, Wiesbaden 2009, S. 51 – 79.

Marsh, P. (1982): The Choice Between Equity and Debt: An Empirical Study, in: Journal of Finance 1982, Jg. 37, Nr. 1, S. 121-144.

Miller, M. (1977): Debt and Taxes, in: Journal of Finance 1977, Jg. 32, Nr. 2, S. 261-275.

Miller, M. / Modigliani, F. (1958): The Cost of Capital, Corporation Finance, and the Theory of Investment, in: American Economic Review 1958, Jg. 48, Nr. 3, S. 261-297.

Myers, S. (1984): The Capital Structure Puzzle, in: Journal of Finance 1984, Jg. 39, Nr. 3, S. 575-592.

Myers, S. / Majluf, N. (1984): Corporate Financing and Investment Decisions - When Firms Have Information That Investors Do not Have, in: Journal of Financial Economics 1984, Jg. 13, Nr. 2, S. 187-221.

Opitz, P. (2008): Internes Rating und seine Auswirkungen auf das Kreditgeschäft, in: Eilers. S. / Rödding. A. / Schmalenbach, D. (Hrsg.), Unternehmensfinanzierung - Gesellschaftsrecht, Steuerrecht, Rechnungslegung, C.H. Beck, München 2008, S. 317-341.

Perridon, L. / Steiner, M. / Rathgeber, A. (2012): Finanzwirtschaft der Unternehmung, 16. Auflage, Vahlen, München 2012.

Rajan, R. / Zingales, L. (1995): What Do We Know about Capital Structure? Some Evidence From International Data, in: Journal of Finance 1995, Jg. 50, Nr. 5, S. 1421-1460.

Reimund, C. / Schwetzler, B. / Zainhofer, F. (2009): Costs of Financial Distress – The German Evidence, in: Kredit und Kapital 2009, Jg. 42, Nr. 1, S. 93-123.

Richter, M. (2008): Bankinternes Rating aus Sicht einer auf die Unternehmensfinanzierung spezialisierten Bank, in: Everling, O. (Hrsg.), Certified Rating Analyst, Oldenbourg, Müchen, Wien 2008, S. 51-62.

Ross, S. (1977): The Determination of Financial Structure: The Incentive-signalling Approach, in: Bell Journal of Economics 1977, Jg. 8, Nr. 1, S. 23-40.

Sautner, Z. / Spranger, J. (2009): Market Timing und Finanzierungsentscheidungen: Unterscheidet sich Europa von den USA?, in: Kredit und Kapital 2009, Jg. 42, Nr. 2, S. 245-276.

Schneck, O. (2008): Der Einsatz von Ratingsystemen, in: Everling, O. (Hrsg.), Certified Rating Analyst, Oldenbourg, München, Wien 2008, S. 21-35.

Spremann, K. (2008): Portfoliomanagement, 4. Auflage, Oldenbourg, München 2008.

Suter, A. / Volkart, P. (2006): Kapitalstrukturen börsenkotierter Unternehmen - Optimierung anhand theoretischer Modelle, in: Der Schweizer Treuhänder 2006, Jg. 80, Nr. 9, S. 627-634.

Swoboda, P. (1994): Betriebliche Finanzierung, 3. Auflage, Physica, Heidelberg 1994.

Taggart Jr, R. (1977): A Model of Corporate Financing Decisions, in: Journal of Finance 1977, Jg. 32, Nr. 5, S. 1467-1484.

Titman, S. / Wessels, R. (1988): The Determinants of Capital Structure Choice, in: Journal of Finance 1988, Jg. 43, Nr. 1, S. 1-19.

Thommen, J.-P. (2011): Unternehmensfinanzierung – Eine Einführung in die Corporate Finance, 2. Auflage, Versus, Zürich 2011.

Volkart, R. (2011): Corporate Finance – Grundlagen von Finanzierung und Investition, 5. Auflage, Versus, Zürich 2011.

Wald, J. (1999): How Firm Characteristics Affect Capital Structure: An International Comparison, in: The Journal of Financial Research 1999, Jg. 22, Nr. 2, S. 161-187.

Wöhe, G. (2013): Einführung in die Allgemeine Betriebswirtschaftslehre, 25. Auflage, Vahlen, München 2013.

Zell, M. (2008): Kosten- und Performance Management – Grundlagen – Instrumente – Fallstudie, Gabler, Wiesbaden 2008.

Onlinequellen:

Chen, Y. / Hammes, K. (2003): Capital Structure – Theories and Empirical Results – a Panel Data Analysis. URL: http://www.snee.org/filer/papers/209.pdf, Abruf am 30.09.2013.

Deloitte & Touche GmbH Wirtschaftsprüfungsgesellschaft (2012): Finanzierung im Mittelstand. URL: http://www.mitteldeutschland.com/uploads/media/Deloitte_Finanzierung_Mittelstand_Studie_2012_01.pdf, Abruf am 04.04.2014.

Deutsche Börse AG (2009): Deutsche Börse Blue Chip Indizes. URL: http://www.daxindices.com/DE/MediaLibrary/Document/BR_Blue_Chips_d_0809_pfv.pdf, Abruf am 06.04.2014.

Deutsche Börse AG (2013): Leitfaden zu den Aktienindizes der Deutschen Börse, Version 6.18. URL: http://www.dax-indices.com/DE/MediaLibrary/Document/Equity_L_6_18_d.pdf, Abruf am 20.03.2014.

Frydenberg, S. (2004): Theory of Capital Structure – A Review. URL: http://ssrn.com/abstract=556631, Abruf am 16.11.2013.

Graham, J. / Leary, M. (2011): A Review of Empirical Capital Structure Research and Directions for the Future. URL: http://papers.ssrn.com/sol3/Delivery.cfm/SSRN_ID1825233_code333527.pdf?abstractid=1729388&mirid=1, Abruf am 27.01.2014.

Gropp, R. / Heider, F. (2009): The Determinants of Banks Capital Structure – ECB Working Paper No. 1096 / September2009. URL: http://www.ecb.europa.eu/pub/ pdf/ scpwps/ecbwp1096.pdf, Abruf am 07.02.2014.

Ifo Institut (2014): Ifo Geschäftsklima Deutschland – Ergebnisse des ifo Kon-
junkturtests im März 2014. URL: http://www.cesifo-
group.de/de/dms/ifodoc/docs /facts /survey/gsk/2014/KT_03_14_dd.pdf,
Abruf am 04.04.2014.

Investopedia (2014a): Blue Chip. URL: http://www.investopedia.com/terms
/b/bluechip.asp, Abruf am 04.04.2014.

Investopedia (2014b): Large Cap – Big Cap. URL:
http://www.investopedia.com/terms /l/large-cap.asp, Abruf am
04.04.2014.

Investopedia (2014c): Mid Cap. URL: http://www.investopedia.com/terms
/m/midcapstock.asp, Abruf am 04.04.2014.

Moody's Investors Service (2013): Rating Methodology Global Automotive
Supplier Industry. URL: https://www.moodys.com/research-
documentcontentpage.aspx?docid=PBC_154692, Abruf am
22.03.2014.[263]

Myers, S. (1989): Still Searching for Optimal Capital Structure, in: Kopcke, R.
/ Rosengren, E. (Hrsg.): Are the Destinctions Between Debt and Equity
Disappearing?, Federal Reserve Bank of Boston, S. 80-95. URL:
http://www.bostonfed.org/economic/conf/conf33/conf33d.pdf, Abruf am
20.03.2014.

Schauten, M. / Spronk, J. (2006): Optimal Capital Structure: Reflections on
Economic and Other Values, ERIM Report Series Erasmus University
Rotterdam, Reference No. ERS-2006-074-F&A. URL:
http://ssrn.com/abstract=968852, Abruf am 16.11.2013.

VDMA (2014): Auftragseingang im deutschen Maschinenbau – Stand
03.03.2014. URL: https://www.vdma.org/documents/105628/799376/
Grafik%20Januar% 202014 /605292a9-91ed-457d-9bce-00e9a4cc53c8,
Abruf am 04.04.2014.

Gesetze, Richtlinien und Verordnungen

AktG (2013): Aktiengesetz vom 06.09.1965 mit allen späteren Änderungen in
der Fassung vom 23.07.2013. In: BGBl. I: S. 2586.

HGB (2013): Handelsgesetzbuch vom 10.05.1897 mit allen späteren Änderungen in der Fassung vom 04.10.2013. In: BGBl. I: S. 3746.

---

[263] Das Dokument ist erst nach kostenloser Registrierung bei Moody's abrufbar.

EG-Verordnung Nr. 1606/2002 (2008): Verordnung (EG) Nr. 1606/2002 des Europäischen Parlaments und des Rates vom 19.07.2002 betreffend die Anwendung internationaler Rechnungslegungsstandards, zuletzt geändert am 11.03.2008 durch die Verordnung (EG) Nr. 297/2008 des Europäischen Parlaments und des Rates vom 11. März 2008 zur Änderung der Verordnung (EG) Nr. 1606/2002 betreffend die Anwendung internationaler Rechnungslegungsstandards im Hinblick auf die der Kommission übertragenen Durchführungsbefugnisse. In: ABl. EG Nr. L (Rechtsvorschriften), Ausgabe 97, Jahr 2008, S.62.

EG-Verordnung Nr. 2157/2001 (2001): Verordnung (EG) Nr. 2157/2001 des Rates vom 8.10.2001 über das Statut der Europäischen Gesellschaft (SE). In: ABl. EG Nr. L (Rechtsvorschriften), Ausgabe 294, Jahr 2001, S.1 – 21.

EStG (2013): Einkommenssteuergesetz vom 16.10.1934 mit allen späteren Änderungen in der Fassung vom 08.10.2009, zuletzt geändert am 18.12.2013. In: BGBl. I: S. 4318.

KStG (2013): Körperschaftssteuergesetz vom 31.08.1976 mit allen späteren Änderungen in der Fassung vom 15.10.2002, zuletzt geändert am 18.12.2013. In: BGBl. I: S. 4318.

GewStG (2013): Gewerbesteuergesetz vom 01.12.1936 mit allen späteren Änderungen in der Fassung vom 15.10.2002, zuletzt geändert am 26.06.2013. In: BGBl. I: S. 1809.

InsO (2013): Insolvenzordnung vom 05.10.1994 mit allen späteren Änderungen in der Fassung vom 31.08.2013. In: BGBl. I: S. 3533.

International Accounting Standard 1 (IAS 1) (2013): „Darstellung des Abschlusses" in der von der EU übernommenen Fassung vom Dezember 2013.

International Accounting Standard 33 (IAS 33) (2013): „Ergebnis je Aktie" in der von der EU übernommenen Fassung vom Dezember 2013.

FOLGENDE BÄNDE SIND BISHER IN DIESER REIHE ERSCHIENEN:

Band 1 (2011)
Clemens C. Jäger, Christoph F. Böckhaus
The Black & Scholes formula and resulting advancements
978-3-8440-0457-1

Band 2 (2011)
Volker Lombeck
Lebenslanges Lernen – Herausforderung für das Berufsbildungssystem in Deutschland
978-3-8440-0268-3

Band 3 (2011)
Clemens C. Jäger, Katharina Maciejewski
Early Warning Indicators
978-3-8440-0624-7

Band 4 (2012)
Martin Prost
Der Value at Risk als Risikobewertungsinstrument unter Berücksichtigung der aktuellen Finanzmarktkrise
978-3-8440-0717-6

Band 5 (2012)
Markus Patschula
Regulierung von Staatsfonds zur Akzeptanzerhöhung in Zielländern unter besonderer Berücksichtigung Deutschlands
978-3-8440-0742-8

Band 6 (2012)
Simon Bannenberg
Purchasing Cards as Instrument for a More Efficient Public Procurement in Germany
978-3-8440-0754-1

Band 7 (2012)

Philipp Schmitz

Teamentwicklung in multikulturellen Arbeitsgruppen mit Bezug zur internationalen Unternehmenskommunikation

978-3-8440-0808-1

Band 8 (2013)

Matthias Schubert

Chancen und Grenzen der Online-Kommunikation im Kundenbindungsmanagement von Genossenschaftsbanken

978-3-8440-1579-9

Band 9 (2013)

Sönke Steffen

The Salary Cap in the national Basketball Association – An Economic Analysis

978-3-8440-1585-0

Band 10 (2013)

Katrin Kanzenbach

Die Implementierung und Ausgestaltung eines "Best-Practice" Hinweisgeber- bzw. Whistleblower- Systems unter arbeitsrechtlichen Gesichtspunkten – Eine Handlungsempfehlung für Unternehmen

978-3-8440-1595-9

Band 11 (2013)

Christian Gondek

Revealing Drivers of Customer Loyalty

An Empirical Study

978-3-8440-1625-3

Band 12 (2013)

Jasmin Baasch

Reflexion des betrieblichen Eingliederungsmanagements seit der gesetzlichen Einführung im Jahr 2004

978-3-8440-1634-5

Band 13 (2013)
Michaela Prendi
GmbH-Geschäftsführer: Insolvenzreife erkennen und Haftungstatbestände
vermeiden
978-3-8440-1767-0

Band 14 (2013)
Sarah Thale
Earnings before Reality
Theoretische Analyse und empirische Untersuchung der Verwendung von Pro-
Forma-Kennzahlen bei DAX- und MDAX-Unternehmen
978-3-8440-1802-8

Band 15 (2013)
Clemens C. Jäger, Volker Lombeck
Corporate Valuation of Web 2.0 Companies
978-3-8440-1812-7

Band 16 (2013)
Angelo Malagrino
Die Auswirkungen von Basel III auf die KMU Finanzierung
978-3-8440-1908-7

Band 17 (2013)
Sandra Willumat-Westerburg
Die Kreditfinanzierung im GmbH-Konzern vor dem Hintergrund des Kapitaler-
haltungsrechts
978-3-8440-1982-7

Band 18 (2013)
Parvinder Singh Anand
Negotiations in International Business – a comparative study of negotiations in
Germany and India
978-3-8440-2089-2

Band 19 (2013)
Arno Claßen
The ECB as Lender of Last Resort for Sovereigns in the Euro-Area
978-3-8440-2181-3

Band 20 (2013)
Katja Schuppe
Rechtliche Beurteilung und Lösungsansätze zum Problemkreis lückenhafter
steuerlicher Erfassung steuerpflichtiger Tätigkeiten – dargestellt am Beispiel der
Besteuerung im Rotlichtmilieu
978-3-8440-2209-4

Band 21 (2014)
Marco Lück
Erkenntnisse des Neuroleaderships für die unternehmerische Projektarbeit –
Gründe des Scheiterns, Relation zur Mitarbeitermotivation, Lösungsansätze
978-3-8440-2703-7

Band 22 (2014)
Christine Krombach
Auf dem Weg zu einem gesunden Unternehmen –
Ein systemischer Ansatz für Unternehmen, Führungskräfte und Mitarbeiter im
Umgang mit psychischen Störungen
978-3-8440-2889-8

Band 23 (2014)
Thilo Zühlsdorf
Die Persönlichkeit in der Strategiearbeit
978-3-8440-3036-5

Band 24 (2014)
Florian Wrobel
Digital Video and Disintermediation in the Value System of the Motion Picture
Industry
978-3-8440-3060-0

Band 25 (2014)

Silvia Brühl

Kennzahlenanalyse der Emittenten von Mittelstandsanleihen

978-3-8440-3195-9